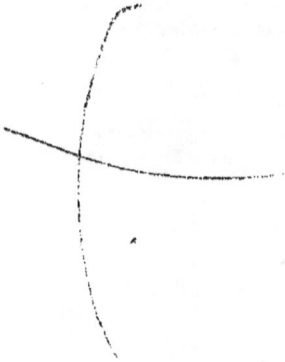

LES VIEUX BRETONS

1re SERIE IN-8°.

LES
VIEUX BRETONS

SUIVI

D'UNE LÉGENDE ARMORICAINE

PAR ALFRED DRIOU

TROISIÈME ÉDITION

LIMOGES

EUGÈNE ARDANT ET Cⁱᵉ, ÉDITEURS.

AVANT-PROPOS

Quand une croyance, transmise de génération en génération,' remonte à l'antiquité la plus reculée, il est presque impossible de la détruire, surtout si les populations qui en ont hérité sont ignorantes et demi-sauvages. La croyance à l'existence des lutins, des farfadets et autres esprits de même nature est fort répandue en Bretagne, sur la lisière des côtes baignées, il faut dire sans cesse harcelées par l'Océan : ces contrées, tourmentées par les vents impétueux de la mer, semées de landes solitaires et stériles , ont eu et ont encore une population en rapport avec le climat : les croyances laissées par le druidisme, mais déguisées sous d'autres noms, se retrouvent encore çà et là sur les côtes, où tous les rappelle. Que disent ces hautes pierres, tantôt debout, tantôt inclinées, tantôt reposant sur deux autres? Les traditions les attribuent aux druides ; ces pierres furent des autels, et sur ces autels coula le sang humain. Mais les traditions prêtent à l'imagination, et les vieux Bretons doivent à la ressemblance de leur mer, de leur contrée et de leurs tempêtes, avec la mer, les contrées et les tempêtes de l'ancienne Scandinavie, les mêmes dispositions à la gravité et au merveilleux. Ils eurent aussi leurs dieux terribles et avides de sang ; ils les entendaient dans les rugissements de la tempête, dans la grande voix de l'Océan : leurs forêts, leurs cavernes servaient de palais, de retraites à des divinités particulières. Tout ce qui était formidable, et qu'ils ne pouvaient expliquer, sortait de l'ordre naturel, et appartenait à des êtres d'autant plus terribles qu'on ne les connaissait que par les manifestations de leurs colères ou de leurs vengeances.

La religion chrétienne pouvait seule déraciner ces croyances ; mais si les dieux Taranis, Teutatès, Esus, furent détrônés, les pierres druidiques ne furent pas arrachées du sol, et ces pierres sont les témoins d'un passé : si l'histoire n'en explique pas l'existence d'une manière satisfaisante, l'imagination des Bretons se charge de ce soin.

Vous voyez ces onze allées de hautes pierres dressées sur leurs pointes, alignées parallèlement à l'Océan, et sans cesse battues par les vents de la mer : comptez-les, elles sont au nombre de plus de cinq mille. Croyez-vous que la main de l'homme ait eu la puissance d'élever un pareil monument ? Aussi nos traditions racontent qu'un peuple de géants éleva ces pierres sur les morts, après une grande bataille. Depuis elles sont devenues un lieu de réunion pour les mauvais esprits.

D'autres vous raconteront que, dans des temps si reculés que l'histoire s'en est perdue, la péninsule armoricaine nourrissait une immense population divisée en petits états ; que cette population, ayant appris par ses navigateurs qu'il existait une contrée plus heureuse, presque dépourvue d'habitants, résolut d'aller s'y fixer ; mais qu'avant de quitter la terre natale, elle voulut laisser ce monument impérissable, pour la rappeler au souvenir de ceux qui préféraient la terre natale à l'émigration. Une grande partie de leurs navires périrent en mer. Depuis ce temps leurs âmes errent au milieu de ces pierres monumentales, en expiation de l'ingratitude qu'ils avaient montrée au sol qui les avait vus naître, qui avait nourri leurs pères et qui recouvraient leurs os.

Ainsi ces deux traditions, qui ne sont pas les seules, s'accordent en ce point. Les pierres des monuments de Carnac sont hantées par des esprits.

Il appartenait encore au clergé catholique de combattre ces préjugés. Notre récit prouve que ce ne fut pas toujours sans succès.

Son action bienfaisante parvint aussi à détruire une coutume qui rappelle les temps les plus barbares de l'humanité. Nous l'avons dit, les côtes de l'Armorique sont assaillies par une mer presque toujours furieuse, mais qui l'est quelquefois avec une violence si irrésistible, que les navires qui se trouvent dans ces parages ne peuvent échapper au naufrage. Les côtes dentelées, entourées par de profondes baies, sont hérissées de rochers aigus au milieu desquels les navires viennent se briser. Les populations riveraines s'emparaient de ces débris, nommés épaves, et les seigneurs se les appropriaient. Des abus si révoltants furent commis que, sous le règne de Louis XIV, un édit attribua ces épaves au gouvernement et établit des gardes-côtiers.

Les seigneurs se crurent lésés dans leurs droits, fermèrent les yeux sur la continuation des pillages et s'en firent remettre la part du lion. De leur côté, les pêcheurs de la côte et les riverains se crurent aussi dépouillés; ils s'étaient habitués à regarder l'Océan comme leur tributaire; aussi ne négligèrent-ils aucune occasion de pillage, ils le préparèrent même en trompant les navires en détresse durant les nuits de tempêtes. Des fallots, attachés aux cornes de vaches promenées sur la grève, en imitant le balancement que le roulis imprime aux fanaux des navires, portaient les malheureux exposés aux fureurs de la mer à croire qu'ils se trouvaient dans le voisinage d'un port, ou plus au large qu'ils ne l'étaient.

La surveillance du gouvernement, les répressions les plus terribles se perdaient en vain contre la coutume. Les recteurs (curés) du littoral purent seuls diminuer le mal et enfin l'abolir entièrement.

Notre récit mentionne un de ces épisodes et le succès obtenu par un recteur, qui seul put faire abandonner cette odieuse et inhumaine coutume de se faire des épaves.

LES

VIEUX BRETONS

ou

LES ÉPAVES DE L'OCÉAN.

⦿⦿⦿⦿⦿

1. — **Le monument de Carnac.** — Les trois pêcheurs. — Aventures des corriquets. — Joë Judicaël. — Ce qu'on en pensait. — Projet des trois pêcheurs. — Précautions à prendre.

Au midi de la péninsule de l'ancienne Armorique, s'avançant comme un long bras à travers les vagues orageuses de l'Océan, voyez-vous cette langue de terre, à jamais célèbre par un grand et héroïque désastre? elle a nom Quiberon (anciennement Kébéreon). En 1795, la loyale Angleterre jeta sur cette côte dix mille émigrés, l'élite de l'ancienne marine royale, puis prit le large et laissa tomber sous le plomb, les boulets, la mitraille, sous la pointe des baïonnettes, ces héroïques soldats qu'elle pouvait sauver en partie. Cette politique aussi déloyale qu'inhumaine anéantissait, pour longtemps, la marine de sa rivale, la France, et assurait encore plus à son ambition la domination des mers...

Les événements que nous allons raconter remontent à une époque plus ancienne ; mais il nous a été impossible de passer sous silence ce fait qui, comme toujours et en tout temps, prouve la haine hypocrite et la jalousie tortueuse de l'Angleterre.....

Remontons de la pointe de la péninsule de Quiberon, entrons dans les terres de la grande péninsule armoricaine, sans perdre de vue l'Océan ; un spectacle imposant, tel que la terre des monuments, l'Égypte, n'en offre point, se présente tout-à-coup à vos regards : sur onze lignes, séparées par un espace égal, plus de cinq mille obélisques, renversés sur leurs pointes, se dressent immobiles sur la plage solitaire, battus par les vents violents de l'Atlantique, témoins des âges qui ne sont point restés dans la mémoire des hommes ; plus de cinq mille sphinx dont l'énigme est encore à deviner.....

Quelles mains puissantes ont remué, presque taillé, et régulièrement aligné ces blocs énormes ? quelle fut leur destination, et que voulaient transmettre à la postérité les hommes qui conçurent et exécutèrent ces travaux ?

Les savants, les antiquaires, comme dans tout ce qui n'est pas expliqué par l'histoire ou les traditions, ont balbutié des systèmes. Le monument de Carnac reste inexpliqué et ne le sera peut-être jamais. Les fondateurs n'y ont point sculpté des hiéroglyphes que pourrait y lire un Champollion !

Les populations ignorantes expliquent tout. Elles ont une méthode unique : le merveilleux, un peuple de géants. Il fallait effectivement des géants, et encore des géants de belle taille et d'une force inconnue de nos jours, pour remuer et aligner ces masses de granit ; un peuple de géants, en relation avec les esprits invisibles, éleva ces monuments à l'occasion d'une réunion solennelle des peuples antiques. De nombreuses victimes humaines, comme dans les abo•

minables sacrifices des anciens Mexicains, furent immo-
lées aux puissances occultes, et, depuis ces temps reculés, les génies, les fées, les farfadets et cette nombreuse
légion d'esprits invisibles, plus ou moins malfaisants,
errent au milieu de ces monolithes, quand l'ombre de la
nuit est descendue sur la terre, quand les brouillards
étendent leurs humides réseaux sur la plage, et surtout
quand la voix puissante de l'Océan se mêle au sifflement
des rafales, aux mugissements des tempêtes.

A l'époque où nous transportons ce récit, pas un habitant des contrées voisines n'eût osé s'aventurer de nuit à
travers les monolithes de Carnac. On en racontait des
histoires trop effrayantes pour ne pas abattre le courage le
plus énergique. L'homme de la côte eût cent fois mieux
aimé lutter contre les fureurs des tempêtes (et l'on sait ce
que sont les tempêtes sur ces côtes) que de passer non
entre les lignes des pierres du monument de Carnac,
mais à une distance d'où il pouvait distinguer ces silhouet-
tes immobiles, sur lesquelles tant de rafales, tant d'ouragans avaient passé sans les ébranler, depuis un nombre incalculable de siècles.

Non, il ne l'eût pas osé, car c'était dans les grandes et
terrifiantes convulsions de l'Océan et de l'air que les mauvais esprits tenaient leurs conciliabules, célébraient leurs
fêtes et leurs festins, ce qui était beaucoup plus formidable que les fureurs de l'Océan blanchissant de l'écume
de ses immenses lames des rochers de granit et leurs
écueils.

Depuis plus de quinze jours la mer est calme, le ciel
serein, ce qui est fort rare sur ces côtes sans cesse tourmentées par les flots orageux.

Sur l'Océan, à une grande distance du rivage, de temps
en temps la voile blanche d'un navire se dessine entre le
bleu du ciel et la couleur sombre de la mer. Les mouettes,

les goëlands et des troupes d'autres oiseaux de mer, s'é-
loignent du rivage, décrivent de longs cercles à la surface
presqu'immobile de l'Océan, et reviennent joyeux se reposer sur les pointes des récifs qui s'élèvent au-dessus des
lames comme des faîtes de tourelles ou des pointes de
lames aiguës.

Cependant tout ne paraît pas heureux sur cette côte
dangereuse regardez bien à gauche, sur le sommet de ce
rocher, dont le flot bat si doucement le pied qu'on dirait
qu'il le caresse, y voyez-vous trois créatures humaines ?
Elles paraissent engagées dans un entretien dont leurs
mouvements n'annoncent pas la gaîté. Leurs épaules sont
couvertes de la peau de chèvre, ancien vêtement des
Kymris ; un bonnet de laine rouge, semblable au bonnet phrygien, couvre leurs têtes, et des braies (culottes
courtes) en grosse toile blanche, sale, leur descendent
jusqu'aux genoux, où elles sont continuées par des gama-
ches (longues guêtres en toile) qui vont couvrir la partie
supérieure de leurs sabots...

Si vous remarquez les longs cheveux noirs, épars sur le
dos et les épaules, et le gros bâton de houx sur lequel ils
s'appuient, vous reconnaîtrez le paysan de la côte armoricaine.

Pierre Ploudic, Jehan Keriou et Yves Marrec composent
ce groupe humain. Mais les sentiments qui les agitent ne
sont guère humains, ainsi qu'on pourra le connaître par
leur conversation.

— Voyez donc, maître Ploudic, dit Jehan Keriou, ce
gros navire qui file là-bas, presqu'à l'horizon. Il est sûr et
certain qu'il a le ventre bourré de belle et bonne marchan-
dise : et dire qu'il passe en face de nos côtes sans laisser
rien à la mer.

— C'est désolant voisin, tout-à-fait désolant ; depuis
qu'il fait ce maudit calme, combien n'ai-je pas vu de ri-

ches vaisseaux nous passer en vue. aussi indifféremment que si nos côtes n'étaient pas nos côtes, et la mer notre tributaire. C'est à fendre le cœur des braves côtiers.

Yves Marrec, dont les regards sondaient l'étendue des flots et les immensités des cieux, se tourna lentement vers eux et leur dit d'un ton désolé : Pas un indice de tempête sur l'Océan ; pas le plus petit chiffon de nuage dans le ciel. Il est sûr et certain qu'un sort a été jeté sur la mer. Avez-vous entendu parler, voisins, de ce que Joë Judicaël dit avoir vu là-bas, à travers les pierres ? (c'est ainsi qu'on désigne dans le pays le monument de Carnac).

— Joë Judicaël, répondit Ploudic en se signant, est un être dont il ne faut parler que le moins possible. Mais qu'en dit-on ?

— On dit, voisin, qu'une de ces dernières nuits, il errait au milieu des pierres du diable, car mauvais esprits et diable c'est bien de la même famille. Joë errait donc au milieu des pierres.

Qu'y cherchait-il ? je ne me charge pas de vous le dire. Il se trouvait entre la onzième et la dixième rangée du côté de la terre, quand il découvrit au sommet des pierres des rangées, vers la côte : il faisait un beau clair de lune. Devinez ce qu'il découvrit, voisins.

— Une légion de mauvais esprits, dirent ensemble les deux auditeurs.

— Pas positivement, mais une légion de corriquets (nom donné à des esprits plutôt moqueurs et folâtres que méchants), et quand il voulut retourner sur ses pas pour ne point interrompre leur assemblée, les pierres qu'il avait derrière lui s'en trouvèrent aussi couvertes.

— Oh ! bonne sainte Vierge, dirent les deux auditeurs! Et que fit Joë, voisin ?

— Joë Judicaël fit trois signes de croix et s'éloigna. Mais attendez, dit-il en baissant la voix, vous savez tous

Les deux, tout le pays le sait, que Joë passe pour hanter le sabbat?

— Mais vous voyez bien qu'il n'y allait pas, voisin, puisque vous dites qu'il se signa dévotement et s'enfuit.

— Je n'ai pas dit qu'il s'était enfui, voisin, j'ai dit qu'il s'était retiré. Mais écoutez le plus beau de la chose. Quand Joë se fut éloigné d'une vingtaine de pas, il se retourna, car il est hardi comme un taureau. Il vit les corriquets, dont le plus grand n'avait pas deux pieds de haut, sauter d'une pierre sur l'autre comme s'ils voulaient s'amuser ensemble.

Puis soudain ils sautèrent à terre : Joë crut qu'ils allaient fondre sur lui; pas du tout, ils se dirigèrent, comme des soldats en lignes, vers la côte. Quand Joë les vit s'éloigner, il eut le courage de retourner sur ses pas, de traverser les rangées de pierres et de suivre de loin, mais pas assez pour les perdre de vue, les corriquets qui battaient toujours vers la côte. Soudain il entendit le bruit de plusieurs milliers de corps qui tombent dans l'eau.

— Ils vont prendre un bain, se dit Joë. Et il avançait toujours. Alors, du lieu où il était blotti, il les vit lancer de l'eau en l'air, en murmurant des paroles qu'il ne comprit point.

— Après? demandèrent les deux auditeurs.

— Après? Ma foi, Joë n'a pas raconté ce qu'ils firent après. Sa bonne femme de mère a rapporté qu'il était rentré couvert de sueur, et qu'il a eu une terrible fièvre...

Les trois pêcheurs restèrent quelque temps pensifs. Ils cherchaient sans doute à quoi ils devaient appliquer cette étrange apparition, car tout était présage, à cette époque, dans la basse Bretagne.

— Les maudits petits malins, dit Keriou, ont fait cela pour conjurer les tempêtes et nous priver des épaves.

— Ce n'est pas cela, voisin, dit Ploudic, ils allaient plutôt semer la tempête et appeler les ouragans.

— Je le croirais assez, dit Keriou, car la chose n'est arrivée que depuis peu, et voilà tantôt quinze jours que règne un calme désolant.

Leurs yeux se tournèrent instinctivement vers la mer : elle continuait d'être calme, et pas l'ombre d'un nuage n'apparaissait dans le ciel.

— Voyez, dit tout-à-coup Marrec, en indiquant l'entrée d'une petite baie. N'est-ce pas la barque de Joë qui glisse là-bas ?

Après avoir observé quelque temps, les deux autres dirent :

— C'est bien Joë, et sa barque noire. Il tient à la main sa longue rame, dont un bout est armé d'un harpon.

— D'où vient-il à cette heure de la journée, descendant à la côte ?

Sans doute Joë Judicaël les avait aussi aperçus, car il changea la direction de sa barque et la dirigea vers le point où ils se rendaient.

—Oh ! hé ! Joë ! sécria Ploudic, d'où viens-tu à cette heure de la journée, mon gars ?

Joë ne lui répondit point : il sauta sur le rocher, y amarra sa barque, et tenant en main sa longue rame, il s'avança vers eux... Joë était un jeune gars d'une vingtaine d'années, d'une taille moyenne, mais fortement constitué ; sa tête était forte et carrée, son front haut et large, mais couvert d'une forêt de longs cheveux noirs ; son nez plus qu'aquilin ; sa bouche petite, fermée par deux lèvres minces, et surtout l'éclat presque sauvage de ses yeux, inspiraient je ne sais quel sentiment de frayeur. Cet extérieur, et la vie solitaire qu'il menait, avaient sans doute contribué à lui faire la méchante réputation dont il jouissait dans la contrée... Il répondit brièvement aux questions de ses interlocuteurs, sans cependant paraître chercher à les éviter.

— Aurais-tu eu la chance d'une bonne pêche, mon gars ? lui demanda Ploudic.

— Je n'ai pas harponné un seul poisson ; ce n'est ni l'heure, ni le lieu favorable, maître Ploudic.

— Tu profites de ce temps de calme pour reconnaître la côte ? C'est Keriou qui lui fit cette question.

— On ne cherche point à connaître ce qu'on connaît déjà, répondit-il sèchement.

— Tu allais voir, dit étourdiment Marrec, si tu trouvais les épaves des corriquets qui se sont noyés une de ces dernières nuits.

Judicaël lui lança un de ces regards qui perçaient comme la pointe d'un poignard et qui jetaient le trouble dans l'esprit.

— Les corriquets ne se noient point, maître Marrec, c'est ce qui doit désoler les chercheurs d'épaves... et ceux qui ont la simplicité de croire à l'existence des corriquets.

— Mais tu dois y croire, mon gars, puisque tu les as vus à leur sabbat une de ces dernières nuits, et que tu as eu une fameuse fièvre, dit Ploudic, le plus âgé des trois pêcheurs.

— Maître Ploudic, répondit Joë, votre âge m'inspire du respect pour votre personne, mais vos paroles me font pitié... Ai-je pu voir ce qui n'existe pas ?

— Comment ! tu n'as pas vu une légion de corriquets sur les pierres de Carnac, une de ces nuits dernières ?

Les deux lèvres minces de Joë se plissèrent, son regard exprimait le mépris.

Les trois pêcheurs se regardèrent avec étonnement : Joë s'en aperçut... — Qui vous a rapporté cette sotte histoire, maître Ploudic ?

— Mais, répondit Ploudic en hésitant, c'est tout le monde.

— Il n'y a donc pas sur la côte un seul homme sensé ?

dit Joë en s'éloignant... Il santa dans sa barque, d'un vigoureux coup de rame il la poussa dans la baie, qu'il traversa en ligne droite.

Les trois pêcheurs l'avaient suivi du regard, et ce ne fut que lorsqu'il eût atteint la côte opposée qu'ils reprirent leur entretien.

— Vous avez mal fait, voisin Marrec, de lui parler des corriquets; les sorciers ne veulent pas qu'on les entretienne de leurs alliances diaboliques.

— C'est vrai, dit Keriou; sans votre question il nous eût sans doute appris quelque nouvelle, car il est venu à nous.

— Avez-vous remarqué le regard qu'il m'a lancé? demanda Marrec; les yeux de ce gars donnent le frisson. Quand le malin esprit prend un corps. il doit lancer de pareils regards.

— Il nous a bien dit qu'il n'avait pas vu les corriquets des pierres, mais il n'a pas osé nier qu'il y fût allé la nuit, dit Keriou...

— Je commence à croire que toute cette histoire n'est qu'une fable, voisin. dit le vieux Ploudic; le gars n'avait pas l'air de mentir.

— Il n'y a pas de feu sans fumée, voisin, objectèrent les deux autres... N'a-t-il pas menti à la vérité connue de tout le monde, quand il a affirmé que les corriquets n'existent point? — Je vous accorde cela, voisin, répondit Ploudic, car il est reconnu, et il a été reconnu de tous temps que les pierres sont hantées par les corriquets et tous les autres lutins... Nos pères et nos grands-pères le croyaient. On ne reste pas si longtemps dans l'erreur.

— La vieille Gilonne du Ranquin, que vous avez vue comme moi, il y aura dix ans qu'elle est trépassée, vienne la Saint-Jean prochaine, elle avait près de cent ans, la vieille Gilonne me racontait, quand je n'étais pas plus haut qu'une pinte (vase où l'on met le cidre), tant et tant d'aventures de corriquets et de lutins, qu'il est impossible que cela ne fût pas vrai . elle n'en avait pas vu, elle, il faut en convenir, mais elle assurait que sa grand'mère lui avait raconté ces histoires.

C'était en remontant la côte que cette intéressante conversation avait lieu entre les trois pêcheurs · arrivés au point culminant, ils s'arrêtèrent pour examiner encore l'Océan, priant Dieu intérieurement de faire apparaître quelques signes des tempêtes. Mais la même sérénité régnait dans le ciel, et la lame douce et régulièrement cadencée continuait à caresser les sables du rivage.

Plusieurs voiles apparurent au lointain.

— Voyez donc, dit Jehan Keriou, comme ces gens-là sont heureux ; ils ont tout juste assez de vent pour courir sur l'eau salée.

— M'est avis que le navire le plus proche est un trois-mâts. Il vient du golfe de Gascogne.

— Il y a du vin sous son pont, et d'autres richesses, dit Marrec, mais les maudits corriquets ont conjuré la tempête.

— Voisins, dit Ploudic en s'arrêtant et appuyant son menton sur ses mains au bout de son bâton, il me vient une idée. Les corriquets font le calme ; il faut qu'ils fassent l'orage.

— Comment cela ? demandèrent avidement les deux autres.

— Il faut les mettre en colère, et ils déchaîneront les vents sur les mers, surtout dans le voisinage de nos côtes. J'ai entendu raconter par les anciens que cela était déjà arrivé plusieurs fois.

— Que faut-il faire ? maître Ploudic.

— Ce n'est pas malin ; vous allez comprendre : vous savez que les corriquets aiment beaucoup les galettes emmiellées, nous en ferons faire par nos ménagères et nous mêlerons de la suie au miel. Ce n'est pas le plus difficile, c'est de porter les galettes sur les pierres, un vendredi, à l'heure de minuit.

Cette dernière partie du projet embarrassa les trois pêcheurs. Aucun d'eux ne se sentait le courage d'aller porter cette perfide offrande, à l'heure de minuit, dans le monument de Carnac.

Ploudic parvint à les décider à l'y accompagner, et voici comment :

— Vous savez, voisins, que le gui est une plante sacrée et qu'on la met à la porte des cabarets pour les préserver de devenir le théâtre des rixes entre les ivrognes ; vous savez aussi qu'elle éloigne les mauvais esprits et protège ceux qui la portent · nous en prendrons une branche dans la main gauche, elle est la plus près du cœur ; c'est à cause de cela qu'on met l'anneau d'argent au doigt de la mariée. Ce n'est pas tout, car il faut bien se prémunir quand on s'expose aux rencontres des corriquets et autres espèces de la même famille ; nous irons, avant le lever du soleil, chercher de la verveine ; nous la cueillerons de la main gauche, sans la regarder, et quand nous en aurons un bouquet sous notre bique, entre la chemise et la chair, toujours du côté gauche, et une branche de gui dans la main gauche, je vous assure, voisins, que tous les corriquets et le diable lui-même n'oseraient pas nous approcher.

Un projet si bien conçu, dont l'exécution se trouvait garantie par des précautions si sûres, fut approuvé des trois pêcheurs, et la partie remise à la nuit suivante. Mais ils se promirent le secret, surtout à l'endroit de leurs ménagères, car, disait Pierre Ploudic, un secret confié à une femme est un secret éventé. Il en cita deux ou trois exemples en retournant à leur village.

Le lendemain, c'était un vendredi, jour néfaste. Trois femmes assises sur le banc de pierre établi devant la maison de Pierre Ploudic, étaient lancées dans les confidences de leurs ménages. C'était vers l'heure où les pêcheurs reviennent de la mer, aux approches de la nuit.

La ménagère de Pierre Ploudic avait raconté à ses deux voisines que son homme lui avait enlevé deux galettes le matin, et qu'elle s'était aperçue qu'il était allé pêcher au pot au miel.

— C'est comme notre Keriou, dit une des deux voisines, il a mis deux galettes de côté après les avoir emmiellées.

— Qu'est-ce que cela veut dire ? — c'est l'autre voisine qui parle ; — notre Yves Marrec a fait la même chose !

— A-t-il aussi gratté la cheminée avec une branche de houx ? demanda maîtresse Ploudic

— Le mien avait un paquet d'ajoncs, répondit l'une.

— Et le mien mon vieux balai de genêts, ajouta l'autre.

— Il se brasse quelque chose, mes voisines, dit maîtresse Ploudic, d'autant plus certainement que nos trois hommes sont sortis avant l'heure de la pêche, pas plus tard que ce matin, puisqu'ils sont revenus chercher leurs lieds.

— Le mien a caché je ne sais quoi dans l'étable de la chèvre, dit la ménagère Ploudic.

— Et vous n'avez pas été voir ce que c'était? demandèrent les deux autres. Allons-y voir avant qu'il soit de retour.

Les ménagères trouvèrent une branche de gui et un gros bouquet de verveine. Les deux autres, après une courte recherche, firent la même découverte dans leur habitation : voilà trois têtes de femmes en travail.

Les galettes emmiellées et couchées l'une sur l'autre augmentèrent leur curiosité. La ménagère d'Yves Marrec voulut les goûter, et fit une grimace; le miel avait un goût détestable de suie.

— Que veulent faire nos hommes? se dirent-elles ; c'est un tour qu'ils veulent jouer à quelque voisin ; mais pourquoi ont-ils du gui et de la verveine?

Il y eut un silence de réflexion. Maîtresse Keriou le rompit par ces mots :

— Veulent-ils faire de la sorcellerie, comme Joë Judicaël ?

Elles se regardèrent frappées de cette réflexion, car la verveine et le gui servent pour les sorcelleries.

Et les maris n'avaient rien dit, fait leurs préparatifs en secret et ensemble.

— Si vous voulez m'en croire, voisines, dit maîtresse Ploudic, nous agirons comme si nous n'avions rien découvert, et, cette nuit, si nous voyons nos hommes sortir, nous les suivrons sans qu'ils s'en aperçoivent. Si Pierre Ploudic se mêle de sorcellerie, malgré son grand âge, je le plante là. Je veux sauver ma pauvre âme

Les deux autres firent la même déclaration, et elles convinrent de s'avertir et de se mettre à la suite de leurs maris s'ils venaient à sortir la nuit du domicile conjugal.

Quand les pêcheurs revinrent au hameau, les trois maris suspects ne parurent pas avec les autres ils arrivèrent peu après, et quoiqu'ils eussent fait une bonne pêche, leur visage indiquait cependant du souci, de l'inquiétude.

On doit bien penser que les trois ménagères firent intérieurement cette remarque, et se la communiquèrent par leurs regards.

Comme ils avaient mis leur pêche en commun, ils se réunirent chez maître Ploudic pour vider quelques pots de cidre. La ménagère remarqua que son homme buvait plus que de coutume : cela confirma ses soupçons.

Il est environ onze heures de la nuit ; comme il n'y avait pas d'horloge au hameau, Pierre Ploudic, croyant sa ménagère profondément endormie, sortit en tapinois de son domicile, examina les étoiles, et crut qu'il devait être temps de se mettre en route pour les pierres de Carnac. Au miaulement de chat qu'il fit entendre, deux autres miaulements répondirent.

— Les voisins sont prêts, se dit Pierre Ploudic ; il enfonça son bonnet sur les oreilles, serra fortement son bâton, et après s'être de nouveau assuré que la verveine est à sa place, qu'il est muni de la branche protectrice de gui, et de l'offrande trompeuse, il se rendit au lieu convenu. Ses deux voisins s'y trouvaient déjà réunis.

Ce serait peut-être trop se hasarder en disant que le cœur ne s'agitait pas plus rapidement dans leur poitrine que de coutume ; mais l'amour-propre, aussi impérieux chez les pêcheurs que chez les autres hommes, les empêchait de laisser percer leurs appréhensions. D'ailleurs, les Bretons sont têtus.

Les voilà en route pour le lieu redouté. Le ciel est parfaitement calme, la nuit sans autre bruit que le sourd murmure qui s'élève toujours de la mer et que le silence de la nuit rendait plus sensible ; la lune, à son dernier quartier, ne jetait qu'une faible lueur sur la terre, à travers le ciel gris de la Bretagne : ils cheminaient à la file, car le terrain inégal et rocailleux ne laissait qu'un étroit sentier praticable , ils s'avançaient d'un pas assez rapide, mais ils le ralentirent quand ils eurent dépassé les terres en culture et boisées. Tout-à-coup, la grève s'allongea devant eux jusqu'à l'Océan, dont la fluctuation leur renvoyait les paisibles rayons de la lune. Sur cette surface rase et presqu'unie apparurent, dans un lointain visible, les rangées silencieusement immobiles du monument de Carnac. Un souffle profond s'exhala des poitrines de nos trois pêcheurs ; ils avaient découvert les pierres redoutées. Leur pas se ralentit, le courage était en baisse, mais ils s'étaient trop avancés pour reculer.

— Allons, dit Ploudic, voilà le moment a craindre.

Il avança la main gauche qui portait la branche de gui, serra son bâton et marcha : les deux autres, dans la même attitude, le suivirent : ils venaient d'étourdir un instant la peur. Nous disons un instant, car à dix pas de la première pierre, ils s'arrêtèrent, comme si une voix impérieuse leur eût crié · « Halte ! » Entre la première et la seconde ligne des pierres, une ombre s'était dessinée , ce ne fut d'abord qu'une vision confuse, incertaine : mais le doute ne fut plus possible quand cette ombre, ou plutôt ce fantôme, passant de la première ligne à la seconde, se dirigea vers eux.

Ces hommes étaient braves contre les violences de la mer braves contre tout danger qui eût menacé leurs familles ou leur hameau ; mais en face des êtres d'une autre vie, de ces habitants dont la demeure ne pouvait être que les enfers, le courage leur manquait : ils tournèrent aussitôt le dos et se mirent à courir de toute la vitesse de leurs jambes. Mais, ô terreur ! ils n'avaient pas couru plus d'une centaine de pas, quand soudain trois nouveaux fantômes se dressent à vingt pas devant eux. Pierre Ploudic, changeant de direction, courut vers la mer, Iehan Keriou le suivit, mais Yves Marrec, encore plus épouvanté, se lança au hasard sur la gauche et alla rouler entre les blocs de pierres qu'il prenait encore pour des fantômes. Ses cris de détresse attirant vers lui les trois apparitions qui venaient de mettre le comble à leur terreur, Yves Marrec se trouva bientôt entouré de sa ménagère et de celles de ses deux compagnons.

— Ah ! maître Yves, lui dit Margaïc sa ménagère, rude Bretonne, vous vous mêlez des affaires du diable ; vous venez faire société avec les corriquets et lutins des pierres ; je vous déclare, maître Yves, que vous quitterez ma maison ; elle m'appartient ; mon feu père me la donna... Allez, allez avec les habitants de l'autre monde, ajouta-t-elle en le secouant violemment par le collet de sa peau de chèvre ; une honnête femme, une bonne chrétienne ne peut pas vivre sous le même toit qu'un sorcier !

Cette rude secousse rappela Yves Marrec à la réalité : il se frotta les yeux, et quand il se fut bien assuré que c'était Margaïc, sa ménagère, en chair et en os, il voulut parler.

— Si tu savais, ma bonne Margaïc !... — Je ne veux rien savoir, maître Yves, maître Marrec, apprenti sorcier... Allez, allez avec vos pareils. Elle voulut s'éloigner, Yves la retint par le bras, mal lui en arriva ! La rude main de Margaïc tomba sur sa figure : ses yeux étaient encore remplis d'étincelles quand, regardant devant lui, il se trouva seul.

Laissons-le à sa stupeur et à son reste d'épouvante ; suivons nos trois héroïnes. La curiosité avait surmonté la terreur, quand elles s'étaient mises à la poursuite de leurs maris, qui allaient avant comme une avant-garde : mais après l'exploit de Margaïc, la crainte s'en empara et elles regagnèrent le hameau avec une hâte qui trahissait leur terreur. Ce fut dans la maison de maîtresse Ploudic qu'elles se rendirent pour tenir conseil. Deux résolutions furent arrêtées, aussitôt que proposées. 1° L'entrée du logis serait refusée à des hommes qui se mettaient en communication avec les mauvais esprits ; 2° Dès qu'il ferait jour, elles se rendraient auprès de monsieur le recteur pour le prier de les démarier, et lui faire connaître la cause de cette détermination. Cette confidence serait faite sous le sceau de la confession, car elles ne voulaient pas que la triste réputation de fils de sorciers rejaillît sur leurs enfants.

Cette détermination prise et bien arrêtée dans leurs têtes bretonnes, chaque ménagère se retira chez soi, verrouilla sa porte, et se mit au lit, demandant le sommeil, qui fit la sourde oreille. Margaïc Marrec sentait un poids sur sa conscience ; elle avait porté la main sur son seigneur et maître ; sorcier ou non, elle s'avouait que la colère l'avait égarée ; elle en sentait un remords qu'elle ne voulait pas s'avouer, mais qui ne la torturait pas moins.

Quelles que soient les inquiétudes et les peines des hommes, le temps n'en poursuit pas moins sa marche, et le jour brilla sans que les trois ménagères eussent pu fermer l'œil pour dormir réellement. C'est que leur destinée venait de subir un terrible changement. Adieu les joies de famille, la confiance et l'abandon. Il ne leur était plus possible de vivre avec des sorciers.

A notre époque, le nom de sorcier fait sourire et accuse ceux qui l'emploient de simplicité et de crédule ignorance ; à celle où se passe notre histoire, il n'en était point ainsi ; attacher au nom d'un individu l'épithète de sorcier, c'était le mettre au ban de la société, c'était l'exclure de la société des fidèles, en un mot c'était presque une excommunication. Pauvres pêcheurs, trois femmes connaissent leur aventure !

Le soufflet reçu par Yves Marrec brûlait sa joue, il avait chassé la crainte en éveillant la colère, mais la honte restait au cœur. Il se rappela confusément que ses deux compagnons s'étaient enfuis du côté de la mer ; il y dirigea ses pas. Après une assez longue recherche, il les découvrit derrière un rocher. Le récit qu'il leur fit, sans rien changer au fait, les irrita : ils se trouvaient blessés dans leur amour-propre d'hommes, ils l'étaient dans l'injure faite à leur ami. Les corriquets furent oubliés, et ils songèrent à la vengeance. De ce temps, comme peut-être encore aujourd'hui, la femme n'était regardée que comme l'humble servante du mari. Pour donner plus de lucidité à leurs résolutions, ils se rendirent au hameau, à l'extrémité duquel une grosse branche de gui annonçait le cabaret ; mais la nuit était trop avancée, les hôtes dormaient ; ils eurent beau décliner leurs noms, on fit la sourde oreille, il fallut renoncer aux inspirations du cidre. Chacun gagna son domicile où un autre mécompte, mais plus mortifiant, plus irritant, les attendait. La porte d'Yves Marrec se trouvait la plus proche ; il tenta inutilement de l'ouvrir, elle était barricadée en-dedans.

— Ne faites point de tapage, lui dit le vieux Ploudic, venez chez moi, demain vous aurez le temps de rentrer dans vos droits.

Keriou trouva aussi sa porte barricadée, et personne ne répondit à son appel. Il suivit les deux autres chez maître Ploudic, qu'un certain pressentiment avertissait de ce qu'il allait trouver, c'est-à-dire porte et oreilles closes : sa charitable moitié avait pris soin de vérifier ce pressentiment, et maître Ploudic se trouva dans la dure nécessité de passer la nuit à la belle étoile, ou d'aller chercher un gîte quelque part. C'est ce qu'ils firent, sentant bien que dans la circonstance, un scandale retomberait sur eux et les livrerait aux moqueries et à la risée de tous les pêcheurs de la côte. Ils allèrent passer le reste de la nuit sous un hangar où l'on construisait les barques.

Avant d'introduire auprès du recteur de Carnac les trois ménagères de nos prétendus sorciers, il est nécessaire de faire connaître cet honorable membre de l'Eglise.

Monsieur Georges Belamy appartenait à une famille honorable de Vannes. Dirigé par une vocation bien prononcée vers l'état ecclésiastique, il s'était distingué par son amour de l'étude, son esprit d'observation, et surtout par une grande piété. Ses supérieurs l'avaient chargé de la cure de Carnac, parce qu'il y avait beaucoup de bien à y faire et qu'il fallait déraciner des coutumes que la religion et l'humanité désapprouvaient : tous les habitants du littoral de l'Océan regardaient les épaves que les fréquentes tempêtes jetaient à la côte comme un tribut légitime que la mer leur payait. De temps immémorial, le droit d'épaves passait pour juste, et les sauvages habitants des côtes, étendant ce droit prétendu, ne se faisaient pas scrupule de massacrer les pauvres naufragés échappés à la violence des flots, afin de se trouver les seuls héritiers des navires naufragés. Comme il est dans la nature de l'homme, essentiellement égoïste, d'abuser de tout, les farouches habitants de la côte provoquaient la perte des navires par les stratagèmes dont nous donnerons plus loin la description.

Pour déraciner dans les esprits grossiers et ignorants des riverains de l'Océan cette coutume inhumaine, il fallait un prêtre énergique, persévérant et instruit. Le recteur Belamy réunissait ces qualités. L'autorité ecclésiastique désirait aussi que cette contrée, où s'élevaient tant de monuments antiques, fût étudiée, interrogée dans ses restes d'antiquité par un homme à la hauteur de cette mission, et assez instruit pour ne pas se laisser emporter par les légendes à des systèmes qui prétendent tout expliquer et qui n'expliquent rien.

Monsieur Belamy convenait encore à cette mission scien-

tifique. Il s'était établi au presbytère de la paroisse de
Carnac que depuis quelques mois, et n'avait pu encore
sonder le terrain que superficiellement, quand il reçut la
visite des trois femmes des pêcheurs maître Ploudic, Jehan
Keriou et Yves Marrec.

A cette époque, le recteur de la paroisse enregistrait
seul les actes de naissance, de mariage et de décès. Il
était en réalité la seule autorité de la paroisse pour le spi-
rituel et le temporel.

Il n'est donc pas étonnant que les épouses des trois
pêcheurs, indignées des menées de sorcellerie qu'elles
attribuaient à leurs maris, se rendissent devant l'autorité
qui, selon elles, pouvait invalider leur mariage et mettre
ordre aux tentatives de Satan s'introduisant dans le troupeau qu'il avait charge de diriger et de ramener dans la
bonne voie.

Maîtresse Ploudic, étant la plus âgée des trois, fut chargée de prendre la parole, d'exposer leurs griefs et d'en demander le redressement. Voici comment elle s'exprima :

— Messire le recteur, nous habitons sur la côte, assez
loin de l'église ; vous n'avez pas encore eu le loisir de connaître los familles ; je suis la femme de Pierre Ploudic,
pêcheur, habitant à peu de distance des pierres de Carnac,
que Dieu les anéantisse ! Vous voyez avec moi deux honnêtes ménagères ; l'une est la femme de maître Jehan
Keriou, aussi pêcheur comme les deux autres ; vos écritures de la sacristie vous diront que nous sommes bonnes
chrétiennes, que nous avons reçu tous les sacrements de
l'Église, ayant été baptisées, dans cette église, dont vous
êtes présentement le recteur, dans laquelle nous avons fait
notre première communion, et où enfin nous avons été
unies et mariées aux trois hommes que je viens de vous nom-
mer, et malheureusement pour nous, ajouta-t-elle en laissant éclater un sanglot. Les deux autres sanglotaient aussi.

Le bon recteur éprouva une certaine émotion ; l'exposé de cette femme, parlant pour elle et pour ses deux compagnes, quoiqu'un peu prolixe, l'avait convaincu qu'elle jouissait complètement de sa raison. Mais sa conclusion le surprenait. Qu'avez-vous donc à reprocher à vos maris ? lui demanda-t-il avec douceur.

— Ah ! messire recteur, j'ose à peine vous le dire. La voisine Keriou m'a assuré qu'on brûlait les sorciers !

Le recteur parut étonné. Il était trop éclairé pour ajouter beaucoup de foi à la sorcellerie. Auriez-vous des raisons de croire que vos maris se livrent à des pratiques condamnées par l'Eglise ? lui demanda-t-il toujours avec beaucoup de douceur.

— Demandez aux voisines, messire recteur, demandez-leur ce que nous avons vu de nos propres yeux, quoiqu'il fît nuit, et elles vous le diront comme je vous le dis ; mais nous ne venons pas devant vous pour accuser nos maris ; non, non, n'est-ce pas, voisines ? mais nous venons pour vous prier de nous démarier · puisqu'un prêtre avait le droit de nous marier, il doit aussi avoir celui de nous démarier.

Cette déclaration attira un sourire sur les lèvres du bon prêtre, mais il le comprima en songeant aux pauvres ignorantes dont il venait d'entendre la plainte et la demande.

— Il est nécessaire que je connaisse les motifs qui vous portent à une pareille détermination, lui répondit-il : je vous écoute, parlez sans crainte : l'Eglise est établie pour consoler les affligés.

Alors maîtresse Ploudic raconta, de point en point, tout ce que les trois pêcheurs avaient fait : quoiqu'elle fût longue et verbeuse dans sa narration, monsieur Belamy l'écouta avec la plus profonde attention. Il resta longtemps pensif ; enfin, il dit à la femme de Pierre Ploudic :

Je vois, d'après ce que vous venez de me raconter, que la conduite de vos maris peut avoir de quoi alarmer des âmes honnêtes et chrétiennes. Mais il n'y a pas pour moi preuve d'opérations de sorcellerie.

— Et le gui, messire recteur ! dit maîtresse Keriou.

— Et la verveine ! se hâta d'ajouter maîtresse Marrec.

— Et les galettes emmiellées, messire ; cela ne prouve-t-il rien ? demanda maîtresse Ploudic.

— Mes braves femmes, répondit monsieur Belamy, je sais que généralement dans ces contrées on attribue des vertus merveilleuses à ces deux plantes, mais je crois qu'on n'établit des rapports avec le mauvais esprit que par le péché et le crime. Laissez-moi examiner cette affaire, et gardez le silence. Retournez dans vos familles : je me rendrai dans votre hameau et j'approfondirai cette affaire : Jésus-Christ, notre divin maître, a dit : Ne jugez point, si vous ne voulez point être jugés.

— Mais nous allons y retrouver nos hommes, dit la ménagère de Yves Marrec ; elle se rappelait l'affront que sa main avait fait à la joue de son mari, et elle en craignait les suites.

— Montrez-leur de la charité : s'ils ont péché, il ne faut pas les rejeter. Dieu ne veut pas la mort du pécheur.

— Mais, objecta encore la femme de Yves Marrec, Yves se rappellera que je l'ai souffleté cette nuit sur la lande !

— Ah ! dit monsieur Belamy, ce fait a été oublié dans le récit. Vous avez mal agi, pauvre femme. En donnant la faiblesse à la femme, Dieu l'a mise sous la protection de l'homme, et l'on ne frappe pas son protecteur.

— Mais s'il est un sorcier, messire recteur.

— Cela n'est pas encore prouvé, ma bonne, femme ; et cela le fût-il, la femme qui frappe son mari commet presqu'un crime. Allez, je vais aujourd'hui même me rendre à votre hameau. Soyez douces et patientes en attendant, et j'espère que lorsque cette affaire sera éclaircie, la paix renaîtra dans vos ménages.

La femme Marrec, d'un caractère violent, allait encore faire des observations, quand maîtresse Ploudic la tirant par la manche, lui dit : Taisez-vous, voisine, taisez-vous, messire le recteur a raison.

Elles allaient se retirer lorsque monsieur Belamy leur dit : Entrez à l'église, faites-y une courte prière et demandez à Dieu la grâce de vous assister : la prière calme les irritations de l'esprit et nous dispose à accepter sans murmures la peine qu'il plaît à Dieu de nous envoyer pour nous éprouver. Priez aussi pour vos maris, coupables ou non, votre prière leur sera profitable. Le ton de bonté avec lequel il leur donna ce conseil eut la puissance de calmer l'irritation de maîtresse Marrec.

Dès qu'elles se furent retirées, le recteur fit seller son cheval et se rendit au hameau des pêcheurs : il désirait y arriver avant les trois femmes.

Qu'on nous permette d'y devancer le bon recteur et de retracer ce qui s'y passe en l'absence des femmes.

Les trois pêcheurs, fatigués des travaux de la journée, d'une nuit sans sommeil et des violentes émotions de la peur, s'étaient endormis sous le hangar où la détermination de leurs ménagères irritées les avait mis dans la nécessité de chercher un asile. Les autres pêcheurs se rendirent à la mer, étonnés de ne pas les voir avec eux ; et le soleil était déjà assez élevé au-dessus de l'horizon, quand Yves Marrec, qui sentait une certaine douleur à la joue, se réveilla. Les événements de la nuit se présentèrent aussitôt à sa mémoire, particulièrement l'acte de violence de sa douce moitié. Il s'était bien gardé d'en parler à ses deux amis, mais il voulait en tirer vengeance.

— Allons, dit-il en les secouant rudement, allons voir si nos portes sont encore fermées pour nous. Nous sommes

des hommes, nous pouvons le dire hautement. Si Satan
ou un de ses pareils nous a épouvantés, il n'y a pas un
homme sur la côte qui n'eût partagé notre terreur. Allons,
debout, les autres sont à la mer.

— Dieu en soit loué! dit maître Ploudic, car après la
conduite qu'ont tenue nos ménagères, la chose ne peut
pas se passer sans un peu de chamaillerie.

— Non, par la mer et la tempête, s'écria Jehan Kerion,
il faudra que la femme m'explique de quel droit elle ferme
la porte de ma maison à son mari! Les voilà debout,
allongeant leurs membres engourdis, et se préparant à
prendre une éclatante vengeance de l'affront de la nuit.

L'habitation de Pierre Ploudic était la plus voisine ; la
porte est ouverte, sa fille aînée tricote son bas, en ayant
l'œil ouvert sur ses deux petits frères qui barbottent dans
la mare voisine et lancent des pierres aux oies et aux canards, qui se trouvaient cependant dans leur domicile naturel.

Pierre Ploudic rougit à la vue de son enfant : elle devait savoir qu'il n'avait pas passé la nuit sous le toit conjugal, pour que ses amis ne fussent pas témoins de son
entrevue avec sa ménagère, il les congédia et entra, presque tremblant, dans la maison. Il trouva la chambre qui
servait de cuisine parfaitement en ordre, mais laména-
gère était absente.

— Bon! se dit-il, elle est dans la chambre du fond, la
petite n'entendra rien! Il entre : le même ordre, la même
propreté se fait remarquer. Mais point de ménagère.

— Où était-elle?

Pierre Ploudic se gratta l'oreille pour trouver réponse
à cette question. Ne trouvant rien de vraisemblable, il
retourna dans la cuisine et d'une voix émue appela sa
fille pour savoir où était allée sa mère.

— Père, répondit l'enfant, la mère est partie au petit

jour, en me recommandant d'approprier les chambres et de veiller sur mes frères.

— De quel côté a-t-elle tourné, Guerie? (diminutif de Marguerite.)

— Je ne sais pas, père.

— Elle se sera rendue chez une de ses voisines, se dit Ploudic. Attendons ici.

Pierre Ploudic alla découvrir la marmite, en retira des pommes de terre qu'il mangea avec une galette. Le pichet fut rempli de cidre; en mangeant et buvant, le temps s'écoule plus vite, et d'ailleurs l'air de la mer donne du ton à l'estomac. Il se versait une troisième rasade quand ses deux amis entrèrent, l'air un peu effaré.

— Elles n'y sont pas, dit piteusement Keriou; et nous qui les croyions chez vous, Ploudic!

Ploudic, étonné, resta un instant pensif, puis il leur dit : Le diable souffle quelquefois à l'oreille des âmes simples. Ma ménagère a aussi décampé, et la petite ne sait pas où elle est allée.

— C'est comme chez nous, dirent les deux autres, les enfants nous ont fait la même réponse.

— Si elles étaient allées à la mer pour nous, dit Marrec, ce serait une fameuse honte pour nous!

— Voyez mes filets, dit Ploudic; ce n'est pas là qu'elles sont allées. Asseyez-vous, voisins, et buvons un coup. Les canes et les oies reviennent tous les jours à leur toit, les ménagères reviendront aussi au logis.

— A votre bonne santé, voisins!

Les tasses se choquèrent et les amis burent avidement : un pêcheur est souvent altéré, et les fortes émotions dessèchent le gosier.

— Ce qui me fait rougir, dit Keriou, c'est d'avoir pris ma ménagère pour un lutin et de m'être sauvé comme une poule mouillée.

— Qui ne l'eût pas cru, dit Marrec, après ce que nous venions de voir dans les pierres!

— Je l'ai vu comme vous, voisin, dit Ploudic, et je n'aurai plus à raconter les histoires des revenants vus par les autres.

— Il m'a semblé qu'il sautait d'une pierre sur l'autre, dit Keriou; un homme en chair et en os ne le pourrait pas.

— C'est vrai, dirent les deux autres, mais nous ne l'avons vu que dans les deux premières lignes. Il paraissait énorme.

La conversation fut interrompue par le bruit des sabots d'un cheval. Ils se levèrent pour aller regarder. On ne voyait pas souvent des cavaliers dans la rue du hameau. Une petite fille indiqua la maison de Ploudic, et dit :

— C'est là, messire recteur.

Cette arrivée, qui dans toute autre circonstance eût paru un honneur à Pierre Ploudic, le jeta dans un tel embarras, qu'il ne sut qu'ôter son bonnet et laissa le recteur descendre de cheval, et l'attacher à la porte. Le même embarras de maintien se lisait sur le visage des deux autres.

— Que la bénédiction de Dieu soit avec vous, mes amis, dit en entrant le recteur. Amen, se dit en lui-même Pierre Ploudic, nous en avons grand besoin.

— Je pense que vous êtes les maris des femmes avec lesquelles je me suis entretenu ce matin ?

— Ah! nous y voilà, se dit Ploudic, elles sont allées nous dénoncer comme sorciers!

Monsieur Belamy s'assit sur le banc, demanda un verre de cidre et parut si pacifique, si bonhomme, que les pêcheurs se rassurèrent.

— Il faut que vous me racontiez sincèrement la scène de cette nuit. mes amis : je suis un ministre de paix, et je veux la rétablir dans vos ménages. Yves Marrec se frotta la joue, il pensa que les soufflets ne l'établissent guère. Ploudic prit la parole et raconta sincèrement ce qui s'était passé.

Le recteur parut surpris de l'apparition dans le monument de Carnac ; les femmes l'ignoraient.

— Vous étiez trois hommes vigoureux, comment ne vous êtes-vous pas assurés de la réalité de ce que vous voyiez ?

— Mettez devant nous des êtres de chair et d'os, messire, et je vous réponds, pour moi et pour mes voisins, que nous ne reculerons pas ; mais, les êtres qui s'évanouissent comme une fumée, qui vous paralysent et vous étouffent, et sur lesquels un coup de bâton ne peut tomber ; ah ! ceux-là nous les craignons, messire, ils nous épouvantent, répondit Ploudic !

— Mais dans quelle intention vous rendiez-vous donc au monument, à minuit, avec de la verveine, du gui et je ne sais quel mets ? répondez avec franchise.

Ploudic parut embarrassé, il savait que depuis qu'il dirigeait la paroisse de Carnac, monsieur Belamy avait prêché contre la coutume sauvage et barbare de courir aux épaves, en tuant souvent les naufragés qui luttaient encore contre la fureur des flots : il n'osa répondre.

— Mon ami, lui dit le recteur votre silence m'inquiète : ne craignez rien de ma part. Je vous l'ai dit en entrant, je suis un ministre de paix. Si vous avez eu la faiblesse, le tort de vouloir établir des relations avec les mauvais esprits, vous êtes excusés par votre ignorance : vous deviez avoir un but en faisant ce que vous avez fait. Allons, mes amis, montrez de la franchise à votre pasteur, qui vous interroge avec la sincérité du cœur et pour votre intérêt.

Alors Ploudic, touché de cette bonté, lui fit un récit de tout ce qui avait été combiné entre lui et ses voisins, sans dissimuler l'intention qu'ils avaient eue d'irriter les cor-

riquets afin qu'ils déchaînassent les vents et soulevassent les flots.

Le visage du recteur se voila de tristesse : ce qu'il venait d'entendre lui prouvait à quel degré d'abrutissement ces hommes étaient descendus, à l'exemple de leurs pères. Il resta longtemps plongé dans de tristes réflexions.

Enfin il leur dit : Mes amis, écoutez-moi avec attention et tâchez de bien comprendre mes paroles ; je fais une supposition : vous êtes tous les trois marchands, vous avez passé une partie de votre vie pour amasser une fortune qui soutiendra votre vieillesse et vous procurera des établissements pour vos enfants ; mais il faut continuer votre commerce, aux dépens de votre santé, en subissant les peines, les inquiétudes et les fatigues résultats de vos relations avec les autres hommes. Vous continuez votre œuvre, laborieusement entreprise et laborieusement soutenue, vous vous embarquez avec les produits de vos veilles, de vos labeurs de chaque jour ; la mer est inconstante ; la tempête gronde, le navire est mis en pièces ; vous luttez contre la fureur des flots avec un peu d'espoir, car la côte est proche, et elle est habitée ; des hommes, des frères, vous viendront en aide ; ils vous disputeront à la vague furieuse. Vous nagez avec courage ; déjà vous touchez au rivage, des hommes vous y attendent ; vous rendez grâce à Dieu, car vous êtes sauvés. Mais, ô cruelle déception ! ces hommes, que vous regardiez comme des sauveurs, comme des frères, comme des chrétiens, ces hommes vous dépouillent de ce que vous avez arraché aux flots, et souvent ils vous massacrent. Que pensez-vous de ces gens-là, mes amis ?

Les trois pêcheurs avaient parfaitement compris les paroles du digne recteur : ils baissèrent la tête et se turent.

— Vous êtes ces hommes que votre conscience condamne, je le vois ; mais la bonté de Dieu est infinie : le repentir et le changement de conduite effacent le passé. Vous faites, pauvres ignorants que vous êtes, ce que vous avez vu faire à vos pères ; ce que, dans votre ignorance, vous regardez comme un droit, et ce qui est un crime contre l'humanité et par conséquent un crime aux yeux de Dieu ; rappelez-vous ces paroles de notre divin Sauveur : Ne faites pas à autrui ce que vous ne voudriez pas qui vous fût fait. Qu'elles soient désormais la règle de votre conduite, et Dieu vous bénira, car vous aurez été, pour les hommes vos frères, ce qu'il veut que vous soyez !

A l'instant où il prononçait ces dernières paroles, maîtresse Ploudic, escortée de ses deux voisines, entra.

La figure abattue de leurs maris et encore plus la présence du recteur leur fit sur-le-champ comprendre que l'homme de Dieu avait parlé et impressionné leurs maris. Elles se montrèrent fort embarrassées. Le recteur prit sur lui de les recevoir, et quand il les vit assises et calmes, il leur dit : Ce matin, je vous ai assuré que j'étais un homme de concorde et de paix, je suis venu pour confirmer mes paroles. Vous avez cru que vos maris voulaient entretenir des relations avec les mauvais esprits : tranquillisez-vous à ce sujet, braves femmes, vivez en paix dans vos ménages, et laissez-moi le soin d'éclaircir un fait dont nos maris ont été les témoins. Prenant alors la main de maîtresse Ploudic, il la fit approcher de son mari et leur dit : Aimez-vous et vivez en paix, pour votre bonheur et celui de vos enfants. Il en fit autant pour les deux autres femmes, et cette rencontre, qui s'annonçait comme chargée de nuages et de tempêtes, se termina par des embrassements et par des larmes. Seulement Yves Marrec dit bien bas à sa ménagère :

— Ah ! Margaïc, tu as eu la main bien légère !

Il eût pu dire bien lourde, mais il n'y pensait plus.

Le bon recteur était tout joyeux : ne voulant pas

qu'un seul mot amenât une explication, qui eût elle-
même excité les souvenirs amers, il leur parla avec tant de
bonté et d'onction qu'il se retira avec la certitude que la
paix et la concorde étaient rétablies dans ces trois ménages ; il put se dire, en reprenant le chemin de son presbytère : « Je n'ai pas perdu ma journée. »

Une chose cependant restait pour lui inexpliquée : c'é-
tait l'apparition du fantôme dans le monument de Carnac. Ces trois hommes, qui affirmaient l'avoir vu, ne pouvaient pas avoir subi au même instant, et sous les mêmes
apparences, une aussi étrange hallucination. Il se promit
de vérifier le fait par lui-même et de s'en rapporter à ses
yeux.

III. — L'aventure des trois pêcheurs devient publique. — Opinion des habitants sur Joë Judicaël. — Sa proposition. — Elle est acceptée par le recteur. — Monsieur Belamy et Joë vont à minuit dans le monument de Carnac. — Carnac la nuit. — Retour du recteur et de Joë.— Rencontre des
habitants.— Petit discours du recteur.

L'aventure nocturne de maître Ploudic et de ses deux
voisins transpira . elle avait été racontée et détaillée aux
trois ménagères, elle ne pouvait pas rester secrète. On en
parla beaucoup et sur le bord de la mer et au coin du feu ·
elle atteignit les proportions d'une légende lugubre, et
les pierres de Carnac en devinrent plus formidables. Les
petits pâtours en éloignèrent leurs brebis et ne se trouvaient rassurés que lorsqu'ils ne pouvaient plus découvrir les pierres maudites. Il arriva ce qui arrive toujours :
c'est que bien des gens prétendirent avoir vu aussi des
choses effrayantes, et l'affirmaient sans la moindre hésita-
tion. Il se passait donc quelque chose de merveilleux, mais
effrayant. Quand on racontait ces histoires en présence

de Joë Judicaël, il haussait les épaules et montrait la plus complète incrédulité.

— Ce n'est pas étonnant, se disait-on à l'oreille ; Joë est sorcier, il ne craint pas les corriquets, ni même le diable. Certes, on ne tenait pas ces propos devant Joë ; il savait se faire respecter : il était le plus habile bâtoniste de la contrée, et avait remporté tous les prix à la lutte dans les grandes assemblées des jours de pardons (jours de fêtes)... Il se passa donc quelque temps avant que Joë eût connaissance de tous ces discours injurieux. Mais à qui demander une explication ? C'était une petite mendiante qui l'en avait instruit, et elle lui avait répondu : On le dit. *On* désignant tout le monde, ne désigne personne. Joë se promit bien d'avoir raison de toutes ces calomnies.

Un matin, on trouva sur le bord de la grève un jeune marchand ambulant connu dans toute la contrée ; il errait comme un insensé, et les réponses qu'on put tirer de lui venaient à l'appui de tous les récits effrayants qui couraient dans le pays sur les pierres de Carnac. Il s'était égaré au commencement de la nuit, et, sans le vouloir, engagé au milieu des pierres. Il en était presque sorti lorsqu'un lutin, un corriquet, peut-être Satan lui-même, avait passé si près de lui qu'il croyait l'avoir touché. Epouvanté, il avait fui au hasard, se heurtant contre les pierres, et croyant entendre les pas du malin esprit qui le poursuivait. On retrouva sa petite balle à quelque distance de la première rangée de pierres, du côté de la grève. Tout concourait donc à confirmer le récit décousu du porte-balle.

Joë Judicaël se trouvait présent. — S'il y a parmi vous deux hommes de cœur, s'écria-t-il, nous verrons quels sont les lutins qui hantent les pierres. Qu'ils viennent avec moi cette nuit ; je n'ai pas besoin de prendre du gui et de la verveine, j'ai mon bâton et du cœur au ventre.

Les assistants se regardèrent, mais nul n'osa dire en

face de Joë : Tu n'as rien à craindre des corriquets et de tous les diables ; tu fais société avec eux. Non, nul n'ose le lui dire, quoique tous le pensassent.

Joë promenait autour de lui son regard profond et presque provocateur. Il eût donné un écu de trois livres pour entendre une accusation ; mais tous semblaient fascinés. Enfin une femme, l'histoire dit que ce fut Margaïc Marrec, lui répondit Il n'y a que notre saint recteur qui puisse aller avec toi aux pierres, Joë Judicaël. Celui-là n'a rien à craindre de l'enfer.

— Femme, répondit Joë, que le recteur vienne avec moi, et vous reconnaîtrez tous que vous êtes peureux comme des enfants. Portez-lui ma proposition.

Il mit son lourd bâton ferré sur son épaule, serra un petit filet autour de son bras et descendit lentement vers la grève. Sa proposition avait étonné les auditeurs : ordinairement les sorciers ne recherchent pas la compagnie des prêtres. Mais aussitôt une mauvaise pensée se fit jour. Qui sait, dit une des ménagères, si ce sorcier n'a pas l'intention de jouer un mauvais tour à notre recteur ? Elle avait auparavant remarqué l'éloignement de Joë · il ne pouvait plus l'entendre.

— Notre recteur ne craint ni Satan ni les corriquets et lutins, dit maîtresse Ploudic : il porte sur lui de saintes pensées et trempe tous les jours ses doigts dans le bénitier. Il a aussi le livre qui chasse les mauvais esprits et Satan, ajouta un autre.

— Malgré tout cela, je ne lui conseillerais pas d'aller avec Joë à travers les pierres Qu'en pensez-vous, Yves Marrec ?

— Je ne voudrais pas y aller avec un évêque, répondit-il.

Il serait superflu de raconter tout ce qui fut dit de merveilleux et d'absurde entre ces gens superstitieux et igno-

rants. Le résultat de cette rencontre avec Joë fut que
monsieur Belamy en fut informé le jour même. Le soir il
arriva à l'improviste au hameau, se fit amener Joë et lui
rappela sa proposition.

Joë Judicaël avait, comme tous les Bretons, un grand
respect pour les prêtres : sa réponse fut simple et laconi-
que : Mon bâton et moi sommes à vos ordres, messire recteur.

— Contre les êtres qui, dit-on, hantent les pierres, il
n'est pas besoin de bâton, Joë !

— Les êtres qui hantent les pierres, messire, doivent
avoir fait connaissance avec le bâton de Joë.

— Que dites-vous, demanda le recteur surpris : avez-
vous lutté contre eux ?

— Plus d'une fois, messire recteur j'ai dans ma maison
deux de leurs peaux.

Le recteur le regarda avec étonnement : il lui trouva le
visage calme, ses yeux même n'avaient point ce regard
profond qu'il lançait si souvent aux autres pêcheurs ; évi-
demment Joë jouissait de toute sa raison.

— De quelles peaux parlez-vous, Joë ?

— Des peaux de deux loups que j'ai tués l'hiver dernier, à Carnac. Vous voyez bien qu'un bon bâton n'est
pas de trop.

— Eh bien ! Joë, nous irons cette nuit au milieu des
pierres ; il faut dissiper les terreurs des gens du pays.

— Nous irons, messire recteur, il fera un beau clair de
lune ; nous pourrons voir tout autour de nous ; et, à moins
que nous ne prenions les ombres des pierres pour des
corriquets, nous ne verrons rien ; mais ne croyez pas que
cela rassurera ces peureux N'ont-ils pas pris leurs ménagères pour des revenants ?

— Vous viendrez me prendre chez maître Ploudic vers
le milieu de la nuit : au revoir, Joë, soyez exact.

Judicaël s'éloigna : il était flatté de la confiance que mettait en lui son recteur, et se promit d'être exact. Cette entrevue eut lieu avant le retour des pêcheurs de la mer. Dès qu'ils furent arrivés, ils coururent tous à l'habitation de Ploudic. Messire recteur, lui dirent-ils, nous ne souffrirons pas que vous alliez seul avec Joë aux pierres maudites, nous vous y accompagnerons tous.

— Rassurez-vous, mes amis, je ne cours aucun risque ; Dieu est avec ceux qui ont confiance en lui. J'ai promis à Joë d'aller avec lui cette nuit : je dois tenir ma promesse. Dormez en paix et demain vous saurez le résultat de ma visite nocturne ; je le prévois déjà, je vous apprendrai que les fantômes ne sont autre chose que les ombres des pierres, et qu'il ne faut pas se laisser aller à l'imagination. C'est la folle du logis, mes amis.

Alors chacun eut une histoire plus ou moins effrayante à raconter. Le petit colporteur, remis de sa terreur, vint raconter la sienne et l'affirma avec un tel accent de vérité, que le recteur ne sut plus que croire de tous ces bruits. Il les congédia, en les remerciant de leur sollicitude pour sa personne, et les assura une seconde fois qu'il n'avait rien à craindre et qu'ils le reverraient sain et sauf le lendemain matin.

Malgré les fatigues de la journée, les pêcheurs ne se livrèrent pas au repos : tous attendaient le départ de leur recteur, se promettant bien de le suivre à distance et d'être témoins des choses merveilleuses qui devaient se passer, car les êtres de l'autre monde allaient se trouver aux prises avec un homme revêtu d'un caractère sacré et inviolable.

Deux heures avant minuit, Joë vint chercher le recteur, et tous deux se mirent en route pour le monument de Carnac. Ils croyaient s'y rendre seuls, mais tous les hommes du hameau et quelques ménagères intrépides, qui s'étaient jointes à eux, les suivirent à quelque distance, bien résolus à porter secours à leur recteur, même contre les puissances infernales. La lune brillait de tout son éclat, et sa douce clarté n'était voilée que par quelques légers nuages que le vent de l'Océan chassait vers les terres. La lande, plongée dans le silence de la solitude, étendait sa surface rase et sombre devant eux.

— Joë, demanda le recteur, vous avez été souvent au milieu de ces pierres si effrayantes pour les habitants de la contrée, qu'éprouvez-vous à leur vue?

— Messire recteur, je suis un pauvre ignorant, cependant je me demandais pourquoi des hommes avaient dressé et aligné tant de pierres, qui sont immobiles depuis des siècles et qui ne servent à rien, sinon à effrayer les niais du hameau voisin et des environs. Ne pouvant m'expliquer cela, je me suis habitué à les voir : cependant, toutes les fois que je passe dans leur voisinage, ces masses immobiles et muettes me font un singulier effet.

— Vous ne croyez donc pas qu'elles sont hantées par les lutins que vous nommez corriquets?

— Les corriquets, les corriquets, j'en ai toujours entendu dire des histoires effrayantes, mais jamais je n'en ai vu... Pourtant j'ai été obligé de passer bien des fois entre les pierres... Ce ne sont pas les corriquets que je crains, messire recteur, non, ce ne sont pas eux que je crains.

— Vous craignez quelqu'autre chose, Joë... qu'est-ce?

Joë Judicaël s'arrêta, se tourna vers le recteur et lui répondit :

— Oui, je crains quelqu'autre chose... Il réfléchit. Messire recteur, peut-être vous en parlerai-je un jour... Voici là-bas les pierres, marchons. Il mit son bâton à la main et hâta le pas. Sur la surface rase de la lande, parallèles à l'Océan, onze lignes de hautes pierres apparurent immobiles. La lune éclairait un de leurs côtés, et l'ombre se projetait en arrière, de manière que la surface blanche d'entre les lignes offrait de nouvelles lignes horizontales.

Joë avait devancé le recteur, il l'attendit, le dos appuyé contre la première pierre.

— Entendez-vous des bruits, messire recteur; voyez-vous des corriquets sauter sur les pierres, comme les trois peureux et ce sot porte-balle affirment en avoir vu?

Le recteur, debout à quelques pas de Joë, promenait les yeux sur ces lignes de pierres dressées, monument muet, mais irrécusable, de la puissance du peuple qui les avait élevées et dressées en lignes sur ce sol aride, battu des vents de l'Océan, si rongeurs... Il pensait... Joë le regardait sans l'interrompre.

— Oui, se disait le recteur, les hommes qui ont élevé ce vaste et colossal monument ont voulu transmettre à la postérité la plus lointaine un souvenir; mais ces pierres sont muettes... Il avança entre deux lignes, Joë le suivit... Ils marchèrent longtemps, passant de l'ombre de la pierre à la partie éclairée par la lune, sans proférer une parole. Le bruit de leurs pas troublait seul le silence solennel qui les enveloppait. Se dirigeant à droite, ils pénétrèrent entre les autres lignes : la solennité du spectacle, le silence profond de la nuit, donnèrent à leurs pensées une teinte lugubre. Le recteur se crut au milieu des tombeaux élevés après une sanglante bataille... Joë gravit au sommet d'une des pierres et se tenait debout · on eût dit le spectre du passé sur ses ruines.

— Voyez-vous quelque chose, Joë? demanda le recteur

— Des pierres et encore des pierres, la solitude ; et j'entends les murmures de la mer. Nous aurons du vent demain.

Il sauta légèrement à terre et vint auprès du recteur. Celui-ci, absorbé dans ses réflexions, se tenait immobile, les bras croisés sur sa poitrine. Ils restèrent ainsi long-temps en silence ; le recteur le rompit.

— Joë, vous devez savoir toutes les histoires que l'on raconte dans le pays sur ces pierres ?

— Une seule me semble raisonnable, messire, mais elle n'apprend pas grand'chose... Un peuple plus grand et plus puissant que celui d'aujourd'hui a laissé ces traces de sa puissance ; mais je vous le répète, je ne vois pas à quoi cela nous serait utile de savoir pourquoi il a remué de si grandes masses.

— Et les autres histoires, Joë, racontez-les-moi.

— Histoires de bonnes femmes, messire ; toutes plus niaises les unes que les autres. Les uns disent que des dé-mons, ou quelques êtres de la même famille, élevèrent ces pierres pour leurs réunions, comme s'ils avaient besoin de pareils siéges... D'autres font aux sorciers l'honneur de ce vaste travail.

En parlant ainsi, ils atteignirent l'extrémité des lignes, et, du lieu où ils se trouvaient, ils découvraient l'Océan, dont les lames douces et onduleuses reflétaient la lueur de la lune. Joë appuya son menton sur le bout de son bâ-ton, et resta en contemplation les yeux fixés sur l'Océan. Le recteur contemplait le monument de Carnac.

— Messire recteur, dit Joë, il est une heure après mi-nuit ; nous avons passé deux heures entre les pierres, et c'est durant ces heures que les corriquets tiennent leurs assemblées et prennent leurs ébats.. Vous n'en avez pas plus vu que moi, vous plairait-il de retourner au ha-meau ? Il faut que je descende à la mer, vers quatre heu-res, quand cette étoile paraîtra descendre sous l'horizon.

Le recteur ne lui répondit pas et le suivit. Leur route se fit entre la quatrième et la cinquième rangée des pierres.

Arrivés à l'extrémité, le recteur se retourna pour promener encore ses regards sur l'immobilité de ce spectacle.

— C'est inexplicable ! se dit-il.

A quelque distance des premières pierres, ils rencontrèrent les pêcheurs. Ils n'avaient osé s'aventurer plus loin et écoutaient : il est probable que s'ils avaient entendu du bruit ou des cris partir du monument, ils auraient couru au secours de leur recteur. Son retour les charma : il était sain et sauf, et très calme.

— Mes amis, leur dit-il, Joë et moi avons parcouru deux fois, dans toute leur longueur, les rangées de pierres : nous n'avons vu que leurs ombres, entendu que le silence. Si vous aviez vérifié froidement tout ce qu'on vous racontait, ce monument aussi imposant que remarquable ne serait plus pour vous un lieu effrayant.

Je ne nie pas les apparitions : nos saintes écritures en font foi ; mais elles se sont faites dans des circonstances où elles étaient nécessaires. Ici ce n'est plus le cas ; ces pierres existent telles qu'on les voit de mémoire d'homme. Vos traditions et vos légendes ne s'accordent point à en désigner les auteurs ; pourquoi voudriez-vous que des masses inertes de pierres fussent hantées par de mauvais esprits ? Croyez-moi, l'ennemi du genre humain et ses satellites ne recherchent que les lieux hantés par la perversité et le crime. Soyez bons et honnêtes, pratiquez notre sainte religion en bons chrétiens, et vous n'avez point a redouter les mauvais esprits. Savez-vous ou les âmes des morts, si elles reviennent sur la terre, devraient revenir ? C'est sur la côte, au milieu des écueils où tant de victimes humaines ont péri violemment, qu'elles viendraient errer et se plaindre de la cruauté des hommes. Oui, c'est sur cette côte dangereuse que vous les entendriez se lamenter et accuser les auteurs de leur trépas ; car, rappelez-vous le bien : tout homme en péril de mort a droit à l'assistance de ses frères... Je dis ses frères, car tous les hommes le sont en Jésus-Christ notre divin Sauveur, tous sont les enfants du même père qui réside aux cieux.

Le jour suivant, un fort vent du sud arriva chargé de nuages immenses; la mer commença à moutonner, puis à faire entendre ses sourds et longs clapotements contre les rochers de granit du rivage. La joie se répandit tout le long de la côte : l'Océan se préparait à leur livrer son tribut d'épaves.

Tous les promontoires se couvrirent de gens dont les regards avides couraient vers tous les points de l'Océan, cherchant à y découvrir les voiles des navires. Grand nombre apparurent, mais la violence du vent ne suffisait pas encore pour les pousser au milieu des écueils de la côte. Que de vœux sortirent de la bouche de ces demi-sauvages pour hâter la tempête en déchaînant tous les vents du ciel! Les paroles d'humanité de monsieur Belamy n'avaient même pas effleuré ces grossières natures, l'usage immémorial, la cupidité faisaient seuls entendre leur voix cruelle.

— Ah! ah! voyez donc, vous autres, une voile vers le promontoire de Kebéreon (Quiberon).. Si elle manque la passe, les voisins auront une belle chance.

Et tous les regards se tournèrent vers le lieu indiqué : effectivement, une immense voilure se montrait penchée entre les lames, puis disparaissait pour s'élever un peu plus loin.

— Ils vont à la côte, crièrent vingt voix ; et Dieu envoie encore de plus fortes rafales, et ils sont enfoncés à travers les pointes.

— Et dire que nous n'avons pas une pareille chance ! s'écria douloureusement un vieillard, dont les longs cheveux blancs flottaient au souffle d'un vent déjà furieux !

Cependant le ciel s'obscurcissait de plus en plus, et sous le poids des lourdes masses de nuages, l'air s'échappait en courants divers, heurtait les côtes, rebondissait sur l'Océan, précipitant les vagues les unes sur les autres, et se choquant contre celles qui accouraient du large.

Là, des hommes espéraient la perte d'autres hommes, et priaient le ciel de leur envoyer des épaves.

La clarté sombre d'un jour de tempête avait tout-à-fait disparu... le vent commençait à faire entendre ses premiers hurlements, et l'Océan poussait des rugissements répétés.

Ils étaient toujours là, les avides pêcheurs. Insensibles aux vents, à la pluie qui tombait en larges gouttes, c'est une lueur sur l'Océan qu'ils attendaient... la lueur d'un navire jeté hors de sa route, ou la longue traînée de flamme du canon de détresse, car le bruit ne pouvait leur parvenir à travers les immenses clameurs des flots. Ils attendaient cet affreux signal et la pluie commençant à tomber en torrents, les vents à souffler, à déraciner les arbres, ne les détournaient point de leur horrible attente.

Un cri partit de cette multitude de sauvages : à environ une demi-lieue, dans le voisinage des brisants, une traînée de flammes s'était élancée à travers les ténèbres... toutes les poitrines haletaient. Enfin, ils firent éclater une joie sauvage en apercevant un navire en péril, chargé de richesses, du moins ils se l'imaginaient. Quant aux malheureux suspendus sur l'abîme mugissant, prêts à être brisés avec le bois qui les portait, à être broyés contre les brisants, engloutis dans les profondeurs de l'Océan, ils n'y pensaient que pour se plaindre que la mer allait leur ravir leurs dépouilles.

Près d'une heure se passa ainsi dans d'atroces espérances, sans que le canon de détresse eût lancé sa flamme. Ce navire a-t-il été englouti, a-t-il pu gagner la haute mer? telles étaient les questions que se faisaient les sauvages riverains de l'Océan.

— Il a péri, s'écrièrent plusieurs voix ; jamais navire ne pourrait résister à une si violente tempête accourue de la haute mer ; il est cloué sur les brisants... les flots le démembrent et nous apportent les débris.

Au même instant, mais à une plus longue distance de la côte, une nouvelle traînée de flammes plongea à travers les ténèbres.

— C'est un autre navire, crièrent les voix sauvages · il est impossible que le premier ait pu atteindre cette hauteur !

Ce furent des hurlements d'une joie féroce : deux proies au lieu d'une !

Le jour, qui devait leur faire découvrir ces désastres, n'était pas près de briller

— Voisin Kargouet, dit le vieillard dont nous avons déjà parlé, courez détacher les vaches ; attachez une lanterne à leurs cornes et chassez-les sur la grève.

Les sauvages Bretons avaient conservé cette criminelle habitude, pratiquée de temps immémorial par leurs farouches ancêtres. Les lanternes, attachées aux cornes des vaches, imitaient, par les mouvemen's de ces animaux, les balancements en haut et en bas des

3.

fanaux d'un navire ballotté par les flots. Les vaisseaux en vue, croyant qu'ils trouveraient une mer libre, se dirigeaient vers ces perfides clartés. Une fois à travers les brisants, ils ne pouvaient en sortir, se brisaient pièce à pièce, et les flots poussaient leurs débris sur les grèves, dans les anses et les anfractuosités de la côte.

L'homme accomplit toujours avec une étonnante rapidité l'œuvre du mal : déjà les vaches, dont les cornes sont garnies de lanternes, courent, effrayées, mugissant, sur les grèves... L'illusion devait être complète de la haute mer... ce sont les fanaux de navires ballottés par une mer furieuse.

Chose affreuse à raconter, et qui peint la férocité de l'espèce humaine dominée par la rapacité et aveuglée par l'ignorance : une vieille ménagère s'était abritée derrière un rocher, et là, à genoux, ses longs cheveux épars et trempés par la pluie, flottant sur ses épaules, elle roulait entre ses mains ridées les grains d'un chapelet... elle priait, la malheureuse; elle priait la Vierge et les saints de ne pas engloutir les navires, mais de les clouer sur les écueils, où ils pourraient aller chercher leur proie... les épaves !

Il n'y a pas un siècle que cette abominable coutume se pratiquait encore sur les côtes de l'Armorique, les autorités civiles étaient impuissantes à la détruire. Ce fut le clergé qui la combattit et qui finit par en faire sentir la barbarie... Alors la loi put être obéie.

Un jour pâle et blafard perce les gros nuages que le vent pousse, comme s'ils étaient fatigués de leur course, vers le nord. L'Océan fume et la pluie continue de tomber par torrents. Plus près des flots, quatre hommes sont abrités sous une barque renversée; tout près se trouve un petit canot. Un de ces hommes est Joë Judicaël; les trois autres se nomment Ploudic, Keriou et Marrec.

— Il fait assez clair pour nous avancer jusqu'au grouin sud, dit Joë, mettons la barque à l'eau.

Ses trois compagnons la retournèrent et la poussèrent dans une petite anse.

— Je crois, mon gars, dit Ploudic à Joë, que nous ne tiendrons pas à la mer ; elle est encore trop grosse.

— Maître Ploudic, je passe en avant avec ma coquille de noix : elle a dansé sur des vagues plus furieuses. Marchez dans mon eau, je connais la passe.

Durant quelques minutes, les deux embarcations gagnèrent sur les vagues, mais l'eau s'engouffrait plus loin avec une si irrésistible fureur, que le canot de Joë fut lancé en arrière, jusqu'au point de départ ; la barque eut le même sort.

— C'est tenter Dieu, dit Ploudic ; attendons, le jour abattra la violence du vent... nos voisins ne pourront pas plus tenir à la mer que nous.

Joë ne l'écouta pas, son canot lutta contre la vague, la prit obliquement, entra dans sa masse et fut emporté dans son recul. Il poussa une acclamation de triomphe : il se trouvait au-delà de la passe.

— Ohé ! vous autres, faites comme moi, entrez dans le flanc de la vague ; tenez ferme... Ohé !

Ils firent cette manœuvre audacieuse, qui leur réussit comme à Joë. L'eau courait entre des brisants, jetant des flocons d'écume sur leurs pointes. Le canot de Joë les rasa de si près qu'il râcla la roche légèrement ; il entra dans un espace entouré de hauts rochers au pied desquels l'eau n'était que turbulente. La barque lutta quelque temps inutilement ; enfin, profitant du retour d'une vague, elle se lança dans l'abri où se trouvait Joë.

— Maintenez les embarcations, dit Joë, je vais monter sur ce rocher d'où je découvrirai au loin.

A travers l'humide fumée qui couvrait l'Océan, et que les premières lueurs du jour rougissaient à la surface, vers le sud-sud-ouest, il découvrit une masse noire, dont les pointes s'abaissaient et se relevaient sous les fortes ondulations de la mer.

— C'est un grand navire, se dit Joë; il est cloué dans les brisants... il est perdu !

Tandis qu'il l'observait de toute son attention, il crut voir un petit point sombre s'éloigner du navire et se diriger vers la côte dangereuse de Kebéreon.

— Ils courent à leur perte, s'écria-t-il ; oui, ils vont tous être massacrés, la côte est couverte d'habitants, et s'ils parviennent à passer entre les récifs, ils tomberont sous les coups de ceux qui les attendent.

Se laissant glisser vers les embarcations, il dit à ses compagnons :

— Si nous voulons sauver quelques vies, poussons vers la côte de Kebéreon, la chaloupe d'un navire naufragé s'y dirige.

— La mer est trop forte, Joë, dit Keriou, nous irions sûrement à notre perte.

— Le voisin a raison, Joë ; nous ne pouvons que sauver ceux qui sont encore à bord.

C'était Yves Marrec qui faisait cette observation ; maître Ploudic, appuyé sur sa rame, regardait la mer, dont les vagues encore furieuses bondissaient entre les pointes de rochers.

— Non, Joë, non ; la proposition n'est pas acceptable; tâchons de nous approcher du navire, le jour va s'éclaircir. et nous verrons ce que nous pourrons faire.

— A la garde de Dieu, s'écria Joë, je tente l'aventure : vous autres, faites ce que vous croyez possible pour vous approcher du navire.

Il serra sa ceinture, et d'un coup de rame poussa son canot au milieu des tourbillons d'écume. Il s'éleva contre la vague et fut rejeté en arrière avec violence. Les trois autres poussèrent un cri de douleur... Ils croyaient Joë englouti; mais, au même instant, le petit canot parut au sommet d'une vague, et disparut derrière

— Voisins, Joë ne mettra plus le pied sur la terre ferme; c'était un hardi pêcheur.

Un cri aigu arriva à leurs oreilles : ils aperçurent Joë à l'abri de hauts écueils, et poussant son canot dans une eau plus libre.

— Voyez, dit Ploudic en étendant le bras.

— Un sorcier ne périt que quand son pacte est à terme, dit Marrec.

— Taisez-vous, voisin, dit Ploudic, Joë est un brave marin; Joë a compris mieux que nous les instructions de notre recteur; poussons au navire.

Leur barque, malgré leurs vigoureux efforts, avançait péniblement.

— Nous n'arriverons pas, maître Ploudic, nous embarquons trop d'eau; nous allons couler.

L'observation de Keriou était trop réelle, le fond de la barque avait près d'un pied d'eau ; ils la poussèrent dans un angle formé par les brisants, et tandis que Ploudic la maintenait, les deux autres rejetèrent l'eau à la mer : ces occupations urgentes avaient distrait leur attention du côté de Joë. Ils y jetèrent les yeux et ne découvrirent que les vagues blanches d'écume, et plus à l'ouest la grande chaloupe des naufragés.

— A-t-il échappé cette fois? demanda Marrec : je ne découvre par sa coquille de noix.

— Si, s'écria maître Ploudic, regardez entre ces deux rochers.

— C'est une bande réunie de goëlands, maître Ploudic · Joë ne peut pas avoir fait tant de chemin.

— Vous vous trompez, Keriou, c'est bien le canot : il pousse maintenant en ligne droite vers la chaloupe.

— Vous voyez ce que peut le courage, voisins; allons, empoignons les rames, et au navire. Il n'est pas à un quart de lieue de nous.

Les deux pêcheurs obéirent à maître Ploudic, et avec un courage rehaussé par celui dont Joë donnait la preuve, ils traversèrent la moitié de la distance qui les séparait du navire. Mais l'eau les gagnait.

— Pourrons-nous arriver au navire, maître Ploudic, la barque s'est enfoncée de six à huit pouces ? demanda Keriou.

— Vos bras sont plus jeunes que les miens, amis : ramez, ramez vigoureusement, j'épuiserai l'eau : nous arriverons.

Sa prédiction s'accomplit: un quart d'heure après, la barque se trouvait à l'abri du navire naufragé... Son avant plongeait dans la mer, mais les flancs, défoncés par les pointes de rochers qui les pénétraient, restaient au même lieu, tandis qu'à chaque secousse de la vague l'arrière se soulevait puis se rabattait : le navire avait le mouvement d'une escarpolette. Autour des tronçons de mâts se tenaient groupés grand nombre d'hommes et quelques femmes ; à la vue de la barque, ils avaient poussé des cris d'espérance, mais ils n'osaient changer de place pour ne pas être jetés à la mer par les violentes secousses du navire.

Les pêcheurs ne purent se faire comprendre : les naufragés appartenaient à la Hollande.

Laissons-les employer la langue universelle, la langue des signaux, et sachons si l'audacieux Joë a réussi dans son entreprise.

Si la mer n'eût pas été aussi turbulente qu'elle était, la chaloupe qui portait les naufragés l'eût devancé, quoiqu'il tînt une ligne qui devait couper la leur : il était épuisé de forces et ne se servait plus de la rame que pour maintenir l'équilibre de son canot. Mais la chaloupe hollandaise, trop chargée de monde, montait lourdement avec la vague et descendait frémissante dans le sillon, où elle atten-

dait une autre vague. Ce fut dans un de ces intervalles
que Joë l'approcha : il sauta à bord, courut au gouvernail,
en arracha la barre des mains du matelot et vira à glisser entre les lames. Les Hollandais le prirent pour un
pilote et ramèrent sous la direction imprimée par le gouvernail. Cependant les rochers qui bordaient la côte se
couvraient d'une multitude sauvage, armée de harpons,
de longues perches avec des crochets de fer au bout . comme une réunion de vautours affamés, ils attendaient la
proie que leur chariait l'Océan. Ces hommes, couverts
de peaux de chèvres, aux cheveux flottants, aux regards
ardents de cupidité, dévoraient déjà la proie qu'ils
voyaient s'engager dans les terribles récifs, où elle allait
être mise en pièces. Ils couraient, bondissaient sur les
rochers, sur les grèves, poussant des clameurs sauvages,
brandissant leurs armes de pêche. La violence de la mer
ne leur avait pas permis de hasarder leurs barques;
d'ailleurs la mer travaillait pour eux.

Quand ils découvrirent le canot de Joë, un cri immense
sortit de leurs poitrines : quel était cet audacieux qui
courait au-devant des épaves? Mais quand ils reconnurent que la chaloupe changeait de marche, qu'elle se glis-
sait entre les lames, enfin qu'elle s'éloignait, ils poussèrent d'affreux hurlements qui traversèrent l'espace, domi-
nant les grondements de l'Océan. Joë, l'œil fixé vers une
passe bien connue, tournait lentement la barre du gouvernail, et excitait de la voix les Hollandais à ramer.

Déjà ils gagnaient de l'espace et allaient se lancer au milieu des masses d'écume qui fumait le long de la passe,
lorsque les naufragés, sans doute effrayés ou soupçonnant
leur pilote inconnu, cessèrent tout-à-coup de ramer : le
bateau de Joë vint se défoncer contre l'arrière de la chaloupe et fut emporté, puis englouti par les flots... En vain
les encouragea-t-il, par des gestes énergiques, à forcer

sur la rame : ces malheureux, qui voyaient des barques cherchant à s'éloigner du rivage, et en espérant du secours, s'obstinèrent à ne faire d'efforts que pour présenter l'avant à la vague. Le vent avait beaucoup molli ; la mer devenait moins terrible, et les barques pourraient avancer... Il fit un nouvel appel énergique aux rameurs, mais ils s'obstinèrent dans leurs espérances de salut.

La mer montait ; ses lames roulaient impétueuses dans la passe, mais plus égales, à cause de la profondeur : Joë voyait la possibilité de les rapprocher du navire, où ils pourraient défendre leurs biens et leurs vies ; mais il n'était pas compris.

Une dizaine de barques apparaissaient à peu de distance, les Hollandais arrachèrent à Joë la barre du gouvernail, et virèrent de bord... Dieu le veut, s'écria Joë... J'ai obéi aux instructions de mon recteur. Et il se jeta sur le dos d'une lame qui courait dans la passe : il n'eut qu'à se soutenir sur l'eau, elle l'emportait rapidement vers la seconde enceinte d'écueils. Une pointe s'élevait au-dessus du courant, il l'aborda avec l'adresse d'un homme habitué à de pareils dangers, s'y accrocha et se reposa, la tête au-dessus des flots. Il fut alors témoin d'un abominable spectacle. Dès que les barques, parties de la côte, se virent à quelques encâblures de la chaloupe, elles s'entendirent pour aborder toutes à la fois. Les Hollandais ne s'y opposèrent pas... Dès que ces sauvages furent à bord, le massacre commença, l'air retentit de cris déchirants, de hurlements affreux. Joë frissonna sur son rocher, et se dit pour se consoler : C'est leur faute, j'ai voulu les sauver.

La vague chariait un tronçon de mât, il put le saisir : alors libre dans les mouvements de ses jambes et de son corps, il poussa cette longue pièce de bois en avant et la dirigea vers le navire : mais le pauvre Joë eut à faire de bien rudes efforts. Il fut aperçu du navire naufragé, où les trois compagnons travaillaient avec les hommes restés à bord à descendre à la mer une autre chaloupe qui restait entourée par les cordages et les débris des hautes œuvres. La distance était d'environ un demi-quar de lieue.

— Joë là-bas, s'écria maître Ploudic, il a perdu son canot; allons à son secours Un coup de main vigoureux, mes amis, coupez ces cordages à coups de hache, brisez les bordures. Comme il joignait les gestes aux paroles, il fut compris et la petite chaloupe tomba à la mer : ils s'y lancèrent tous trois et nagèrent vigoureusement vers Joë. Les gens du bord, croyant qu'ils étaient abandonnés, poussèrent une lamentable clameur. Mais ils furent bientôt rassurés en voyant la chaloupe revenir. Ce qui venait de se passer sur la grande chaloupe hollandaise fit sentir aux quatre pêcheurs qu'il fallait se hâter, s'ils voulaient soustraire le reste de l'équipage à la fureur sauvage de leurs concitoyens.

Il restait douze hommes, quatre femmes et un enfant sur le navire : la chaloupe ne pouvait les contenir tous avec ce qu'ils emporteraient; ils furent distribués dans la barque des pêcheurs et dans la chaloupe, et dirigés vers le point le moins dangereux de la côte. Ploudic, à qui l'âge donnait l'autorité, voulait que l'on jetât sur la côte les paquets et les malles, qu'on les laissât sous la garde des naufragés, dont ils ne prendraient que les plus actifs pour revenir au navire, d'où ils enlèveraient tout ce qu'ils y trouveraient de plus précieux. Selon lui, cette opération pourrait s'exécuter tandis que l'attention des habitants accourus sur la côte, pour avoir leur part dans les épaves de la chaloupe, serait distraite par l'ardeur du pillage et les querelles qu'il excite toujours. Son espérance fut en partie trompée; lorsqu'ils retournaient au navire, ils furent remarqués par quelques pillards qui se retiraient chargés de butin. Ils se hâtèrent de mettre leur butin en sûreté et revinrent avec la rapacité des loups pour se jeter sur cette seconde proie. Les deux embarcations se trouvaient alors sous les flancs du navire.

Heureusement pour les naufragés qui se trouvaient à terre, que les pillards lancèrent à la mer leurs barques, du pont de la côte le plus voisin du navire, et que le lieu où ils se trouvaient était abrité par des crêtes de rochers. Les barques poussèrent toutes vers le navire ; a mer n'était plus que fortement houleuse, parce qu'elle se trouvait en haute marée.

Ploudic dit à ses amis : Il faudra souffrir ce pillage, hâtons-nous d'embarquer ce que nous avons sous la main. Quand les barques arrivèrent, les deux embarcations se trouvaient presque chargées. Maître Ploudic eut recours à la ruse ; mettant ses mains contre ses lèvres, en forme de porte-voix, il cria aux gens des barques :

— Hâtez-vous, voisins, vous aurez plus d'un tour à faire avec vos barques chargées ; passez à bâbord, nous ne l'avons point visité. Dès que les barques eurent pris cette direction, les quatre pêcheurs achevèrent leur chargement et s'éloignèrent du navire, déjà envahi par les pillards. Il était temps, d'autres barques s'élançaient de tous les points du rivage . leur part de butin leur eût certainement été disputée, et ils avaient contre eux le nombre.

Ils atteignirent la côte, firent cacher les naufragés et disparaître une partie de ce qu'ils avaient débarqué. Ensuite Ploudic dépêcha un enfant à la paroisse pour prévenir le recteur de ce qui se passait.

— Maître Ploudic, dit Joë, il faut conduire les naufragés dans les lignes des pierres ; ils ne seront en sûreté que là... Les autres savent que tant qu'il en restera un il aura auprès de l'autorité le droit de réclamer le butin. Mettons-les à l'abri

Les pierres levées ne sont pas à une grande distance de la mer, ils purent donc y être promptement conduits, chargés de tout ce qu'ils pouvaient emporter. Ces précautions prises, maître Ploudic et ses amis, en attendant l'arrivée du recteur, se mirent à contempler le déplorable spectacle qu'ils avaient sous les yeux. Les clameurs qui retentissaient sur le navire arrivaient jusqu'à leurs oreilles; ils voyaient le démembrement s'opérer, les barques revenir chargées à couler, et retourner vides, poussées à force de rames par ces sauvages ardents à leurs proie, et craignant toujours d'arriver les derniers.

V. — Le recteur sur la grève. — Visite aux naufragés. — Un navire côtier. — Les pillards se réfugient dans les terres. — Un détachement dans le hameau. — Le lieutenant Kerruel. — Demande de renforts. — Kerruel et — Ploudic dans le monument. — Deux histoires racontées par Ploudic. — Incrédulité de Kerruel. Ploudic rapporte ce qu'il a vu. — Projet de Kerruel.

La journée était fort avancée lorsque le recteur put arriver sur la grève. Le pillage et le massacre avaient commencé dès que la mer s'était montrée tenable : l'œuvre de destruction se trouvait donc presqu'achevée; plus de trente barques avaient fait plusieurs voyages du navire à la côte, et revenaient toujours chargées de butin. On ne saurait comparer cette ardeur de pillage, cette prodigieuse activité, qu'à celle que déploient les fourmis, transportant leurs œufs aux approches des grandes pluies.

Les pillards démembraient le pauvre navire, jetaient ses débris dans la mer, sachant bien qu'au reflux du soir elle les transporterait à la côte. Déjà des tonneaux, des caisses arrivaient en vue, et étaient saisis par les longues perches de ces sauvages, qui s'étaient avancés dans la mer jusqu'à ce que le flot leur battît le visage ; un cri de triomphe annonçait qu'u   bris venait d'être saisi par le cro-

ciel, et l'on voyait une figure sauvage, les cheveux ruis-
selants d'eau, retourner vers la grève traînant péniblement
derrière lui une caisse, un tonneau, une longue suite de
vergues, en un mot tout ce qui avait pu être saisi. Les femmes, aussi ardentes à la curée que les hommes, entraient
aussi dans la mer, attiraient, poussaient, halaient les
masses flottantes; et sur la grève, une foule d'enfants
déployaient une activité au-dessus de leurs forces
pour seconder l'œuvre du pillage opérée par leurs parents.

A ce spectacle, le bon recteur fut ému jusqu'au fond des
entrailles : ses yeux se remplirent de larmes, ses mains
se levèrent vers le ciel. Les sauvages pillards ne le voyaient
pas : ils n'avaient d'yeux, d'attention que pour les épaves.
Joë accourut auprès de lui : Messire recteur, lui dit-il,
n'essayez pas de les arrêter : ce ne sont plus des hommes,
mais des vautours affamés. Ils n'entendraient pas votre
voix; venez ne sanctionnez pas cette barbarie par votre
présence.

— Judicaël, répondit le recteur, là où s'opère l'œuvre
du pillage et de la destruction, je dois y rester, m'opposer de toutes mes forces à ce brigandage inhumain.

Il arrêta par le bras une vieille femme qui pliait sous
le poids de sa charge; elle jeta sur lui un regard sauvage,
poussa une clameur menaçante et poursuivit sa marche.

— Voyez, messire recteur, dit Joë en étendant la main
vers la grève, couverte d'hommes, de femmes, d'enfants,
voyez cette multitude... Eh bien ! vous ne trouverez pas
une oreille ouverte à vos paroles ; venez, nous avons sauvé
quelques naufragés, aidez-nous à les protéger.

— Cette génération, se dit le recteur en lui-même, a
eu sous les yeux l'exemple que ces malheureux enfants
reçoivent de leurs parents aujourd'hui, et qu'ils suivent
déjà avec tant d'ardeur.. Mon Dieu ! comment pourrai-je
mettre un terme à ces actes de sauvagerie ?

Il suivit Joë le cœur brisé, convaincu de son impuissance à mettre un terme à ce pillage.

Lorsqu'il s'éloignait, un navire côtier montra ses voiles et cinglait vers le navire naufragé. Les premiers qui le découvrirent poussèrent de grands cris, et se hâtèrent d'emporter leurs épaves dans l'intérieur des terres.

Dès que les dévastateurs qui achevaient de dépouiller et de démembrer le navire aperçurent le navire côtier, que l'autorité envoyait ordinairement pour réprimer les scènes de sauvage brigandage, ils sautèrent dans leurs barques et gagnèrent le rivage à force de rames.

— Ces natures ignorantes et farouches, se dit le recteur, reconnaissent la seule loi que reconnaissent les peuples les plus sauvages : la loi de la force. Il se hâta de s'éloigner de cette scène affreuse, laissant à la force le soin de faire ce que l'humanité et la religion étaient impuissantes à faire.

— Nous n'avons plus à craindre pour les hommes que nous avons pu sauver, dit Joë : avant peu la grève sera déserte et les pillards occupés à cacher leur butin ; mais ne restons pas ici, les hommes armés du navire côtier vont probablement aborder et faire des recherches ; si nous paraissons les seconder, pas un de nous ne passera l'année sur la terre. Allons dans le monument, peut-être pourrez-vous entendre le langage des naufragés qui s'y trouvent réfugiés.

Ce fut pour monsieur Belamy un spectacle navrant que celui que lui offrit ce groupe de malheureuses créatures humaines étendues à terre, dans le plus profond accablement. Ignorant le sort qui les attendait, car quelques-uns d'entre eux avaient pu découvrir ce qui s'était passé sur la chaloupe, ils tremblaient en songeant qu'un pareil sort pouvait leur être réservé. La vue d'un prêtre parut les rassurer.

Le recteur leur adressa la parole en français, et fut compris : deux naufragés connaissaient cette langue.

Il apprit d'eux qu'ils venaient du cap de Bonne-Espérance, quand la tempête les surprit, à peu de distance des côtes de Bretagne ; emportés par la fureur du vent de haute mer sur cette côte immense, ils avaient tiré le canon d'alarme, espérant des secours. Les feux allumés sur la grève leur ayant fait croire à l'existence d'un port, ils avaient cessé de lutter pour s'éloigner de la côte. Vingt hommes descendus dans une chaloupe pour sonder avaient été emportés par la violence de la mer et du vent. Quand ils reconnurent l'étendue et l'immensité du péril, il n'était plus possible de lutter contre le vent. Les craquements du navire, les secousses qui ébranlaient les mâts, les avertirent qu'ils étaient engagés au milieu des brisants. La nuit était sombre, des torrents d'eau les inondaient : mais les fanaux qui brillaient sur la côte les portaient à espérer qu'ils y trouveraient du secours dès que le jour ferait connaître leur détresse.

Le capitaine, qui voyait que le navire ne pouvait sombrer, s'était embarqué sur la grande chaloupe afin d'allerrir et revenir avec des secours. On sait qu'ils avaient été massacrés. Marrec, qui revenait du hameau, leur rapporta qu'il était abandonné, que la population entière s'était retirée dans l'intérieur des terres avec son butin, parce qu'on avait vu deux chaloupes se détacher du navire côtier, et prendre la direction de la côte.

Monsieur Belamy comprit la cause de cette désertion générale ; les autorités employaient tous les moyens pour détruire cette coutume barbare, et le seul qui pouvait leur réussir était l'emploi de la force ; aussi, dès qu'une tempête avait sévi sur les côtes, envoyaient-elles un navire armé pour empêcher le pillage et surtout pour sauver la vie des malheureux naufragés. Le commandant du navire

avait reconnu sur-le-champ que le vaisseau avait été pillé,
mais comme aucun cadavre ne se trouvait à bord, ni flottant aux environs, il avait supposé que les naufragés
avaient pu gagner la côte, et voulut connaître leur sort et
châtier les pillards.

Une trentaine de soldats venaient d'être mis à terre, et
dirigés vers le hameau, où ils s'établirent.

Monsieur Delamy fit conduire les Hollandais au hameau, où il se rendit lui-même pour les recommander à
la force armée et en même temps pour rendre témoignage
de la belle conduite des quatre pêcheurs qui venaient de
sauver le reste de l'équipage, de préserver du pillage une
grande quantité d'objets et de marchandises.

L'officier qui commandait ce détachement se nommait
Kermel. Par son autorité il avait déjà fait arrêter plusieurs
pillards, rassemblé des parties du butin, et se préparait
à pousser ses recherches jusque dans l'intérieur du
pays. Il fut charmé de l'arrivée du recteur, du secours qu'il
pouvait tirer des quatre pêcheurs ; mais en ne voyant
qu'un si petit nombre d'hommes qui survivaient d'un
nombreux équipage, il résolut de faire un exemple éclatant en punissant sévèrement les riverains. Des troupes
furent demandées à Lorient et à Vannes, afin d'occuper
militairement toute cette partie du littoral.

Ces mesures, malheureusement nécessaires, contristè-
rent le bon recteur de Carnac : il avait horreur de l'abominable coutume des épaves, mais il eût voulu l'abolir
par la persuasion et non par la force. Tout abus renaît dès
que la force qui le réprime cesse d'agir : il n'en est pas
ainsi d'une réforme opérée par la persuasion.

En attendant les renforts nécessaires à son projet,
l'officier, qui connaissait la sauvage énergie des hommes
qu'il voulait punir, mit le hameau en état de défense, et
pour être plus libre dans son action, il fit conduire par mer

les naufragés à Lorient, d'où le navire lui ramènerait un renfort de soldats.

Ploudic, Joé et leurs deux autres amis, retirés dans leurs habitations, avaient repris leurs occupations ordinaires, et fournissaient le poisson aux soldats, heureux d'avoir des pourvoyeurs, n'ayant pas la permission de se livrer eux-mêmes à la pêche.

Qu'étaient devenus les autres habitants ? on l'ignorait; on supposait qu'ils avaient trouvé asile dans la péninsule de Kebéreon, dont les habitants étaient tout aussi ardents à se livrer au pillage des navires naufragés.

L'officier Kerruel se promettait bien d'aller les y chercher, dès qu'il aurait assez de troupes pour occuper le pays.

Tel était l'état des choses quand un événement mystérieux vint lui donner une nouvelle face et une singulière animation. Kerruel, désireux de visiter les pierres de Carnac, s'y rendit accompagné de quelques soldats. Ce fut maître Ploudic qu'il prit pour cicerone.

— Mon officier, lui dit Ploudic, je vous accompagne avec plaisir pendant que le soleil éclaire les pierres; mais vous ne trouverez pas mauvais que je refuse cet honneur, s'il vous prend fantaisie, comme à notre recteur, de venir contempler ces pierres au clair de la lune.

— Je vois, maître Ploudic, que vous avez une histoire bien effrayante à me raconter, et que cette histoire a rapport aux pierres de Carnac. Nous voici sur le terrain, entourés de ces pierres qui paraissent si redoutables la nuit, quoiqu'elles ne le soient pas plus que le jour. Je vais m'asseoir contre ce monolithe, vous en ferez de même, puis vous aurez la complaisance de me raconter votre histoire; tâchez qu'elle soit bien effrayante, que les lutins et le diable y jouent un rôle digne d'eux.

Le ton léger et moqueur de l'officier Kerruel piqua l'amour-propre de Ploudic ; il croyait aux corriquets du monument, il avait eu peur : il trouvait donc mauvais qu'on traitât en plaisanterie moqueuse ce qui l'avait tant épouvanté.

— Mon officier, répondit-il avec la dignité d'un homme qui se sent blessé dans ses convictions, vous ne me parleriez point ainsi là où nous sommes assis, si vous y veniez la nuit, eussiez-vous tout votre détachement pour garde. Les êtres qui hantent les pierres ne craignent ni les balles, ni les baïonnettes, ni les sabres. Je vous l'ai dit, un seul a pu visiter les pierres à la clarté de la lune, et cela impunément, parce qu'il avait des armes redoutables aux êtres de l'autre vie, les armes de notre sainte religion.

— Vous me l'avez déjà dit, maître Ploudic. Mais puisque le recteur de Carnac a pu faire cette visite nocturne sans être inquiété par les lutins, je puis bien la faire aussi ; je suis chrétien et je ne crains pas les mauvais conseils du diable.

Maître Ploudic hocha la tête ; il n'osa pas dire à Kerruel ce qu'il pensait. Celui-ci s'en aperçut et lui dit en souriant : Allons, maître Ploudic, racontez-nous votre histoire, ou vos histoires, et je verrai après cela s'il serait dangereux de tenter une visite nocturne à ces pierres immobiles, que le froid et l'obscurité de la nuit ne peuvent pas animer Voyez donc leurs longues files : elles n'ont pas serré leurs rangs depuis des siècles, elles ont plutôt perdu que gagné, car l'air de la mer ronge la pierre ; la pluie, le vent l'attaquent de leur côté.

— Et vous voyez, dit vivement Ploudic, qu'elles n'ont pas éprouvé la moindre altération, et cela ne vous dit rien, mon officier ? et vous ne reconnaissez pas une puissance occulte qui les conserve, qui veille sur elles, et qui sait punir tous ceux qui troublent les habitants de ces lieux

respectés par tous les agents destructeurs de la nature?
L'accent de conviction était si profond que Kerruel en fut
ému : il n'était pas au-dessus des préjugés de son époque ; mais de ce temps, comme du nôtre, l'habit militaire
donne toujours certaines tendances à faire l'esprit fort. Il
regarda quelques instants cet homme qui avait dépassé
la limite moyenne de la vie, et dont la figure mâle et
grave annonçait ce genre de courage qui ne recule devant
aucun danger humain. Il crut réellement que dans les lignes de ces pierres devaient se passer des choses étranges, puisqu'un homme comme Ploudic l'affirmait, et que
cette affirmation était celle du pays tout entier. Mais ce
n'était pas une raison de renoncer à son rôle d'esprit fort :
il pressa donc maître Ploudic de raconter les histoires qui
circulaient sur le monument de Carnac.

— Il y a déjà bien des années, dit maître Ploudic,
qu'il existait dans cette contrée un seigneur ; il se nommait sire Hulgoat ; il avait le caractère bizarre et emporté,
et une volonté de fer. Comme tous les seigneurs de son
âge, il passait des journées entières à chasser le sanglier,
les loups et le renard : ce dernier animal était alors plus
nombreux qu'aujourd'hui. Il advint qu'un jour la chasse
l'avait entraîné fort loin, et comme la pluie commençait à
tomber aux approches du soir, il voulut revenir à son
manoir, par la route la plus directe, c'est-à-dire à travers
les lignes de pierres où nous sommes présentement. Il
avait une fière meute : ses chiens, dressés pour la chasse
de la grosse bête, avaient acquis une grande réputation
dans la contrée. Il revenait donc, pressant son cheval, car
l'amour de la chasse ne préserve pas des inconvénients de
la pluie. Le sire Hulgoat venait d'atteindre la tête du monument, du côté opposé à celui où nous nous trouvons,
lorsque son cheval dressa l'oreille, renâcla d'une manière
étrange, et refusa d'avancer. Le sire Hulgoat, qui était

violent, comme je l'ai déjà dit, lui enfonça les éperons dans les flancs. Ce fut inutile et sans résultat ; se laissant aller à la colère, le sire Hulgoat redoubla tant et si fortement les coups d'éperons et de fouet, que le cheval, après s'être cabré, se dressa sur les pieds de derrière, tourna sur lui-même, et s'enfuit au grand galop vers les grèves. Les gens du sire Hulgoat le relevèrent : il avait le crâne brisé et venait de passer de la vie au trépas. Ploudic fixa l'officier : son regard semblait lui demander : Eh bien ! qu'en pensez-vous maintenant ?

— Ah ! maître Ploudic, dit Kerruel, si toutes vos histoires sont comme celle-ci, elles ne prouveront pas que les pierres sont hantées. Tout cheval brutalisé fait des écarts, et si celui du sire Hulgoat lança son cavalier contre une de ces masses de granit, il est certain que le crâne dut se trouver moins solide que la pierre.

— Et pourquoi le cheval refusait-il d'avancer, messire, demanda Ploudic, justement à l'instant où il fallait entrer dans les allées de pierres ?

— Maître Ploudic, si j'avais été témoin de l'aventure et que j'eusse pu lier conversation avec un cheval surmené, j'aurais pu répondre à la question que vous me faites. Passons à une autre histoire, je voudrais voir apparaître vos petits corriquets.

Maître Ploudic se piquait au jeu ; il savait bien ce qu'il avait vu de ses propres yeux ; mais il n'aimait pas à rappeler cette circonstance de sa vie. Il commença l'histoire suivante : Ce n'était pas un seigneur, Gildas Mahennec, non, c'était un bon pêcheur, père de nombreux enfants, et renommé pour sa force et son courage. Sa ménagère avait une chèvre dont le lait était très profitable à sa famille. Son petiot la menait paître dans les landes, le long des buissons ; tous les soirs elle rentrait à la cabane, les mamelles gonflées et pendantes, c'était une véritable source de lait. Un soir le petiot la ramenait au logis quand un grand loup se dressa sur son passage : quoique le petiot n'eût guère que douze ans, il n'eut pas peur, il s'avança hardiment sur le loup. Mais le loup n'en voulait qu'à la chèvre.

La pauvre bête, qui avait pressenti ses intentions gloutonnes tout d'abord, s'enfuit et se réfugia entre les pierres : le loup la suivit et tous deux disparurent dans les allées. Le petiot accourut annoncer ce malheur au logis : le père revenait de la mer.

— Femme, dit-il à la ménagère, aie soin de ce poisson ; et, sans ajouter un mot de plus, il empoigna une fourche et courut vers les pierres.

— Je veux avoir ma bique morte ou en vie ; si je rencontre le voleur, je veux aussi en remporter la peau, se disait-il en marchant à grands pas...

Il y avait ce soir-là un brouillard de mer qui commençait à gagner les terres ; le brave pêcheur n'y fit pas attention, et s'engagea dans les allées, tenant sa fourche prête à frapper. Tout-à-coup il entendit une espèce de bêlement... Ah ! ah ! se dit-il, la bête n'est pas dévorée. Il imita ce cri, un autre lui répondit ; il allait toujours et le cri s'éloignait. Pendant ce temps-là le brouillard s'avançait, s'épaississait ; il ne vit plus devant lui. Soit que sa chèvre se fût trop éloignée pour qu'il pût l'entendre, ou que le loup l'eût étranglée, il n'entendit plus rien. Il songea à retourner au logis, et pour ne pas se heurter contre les pierres, il suivait les allées : mais il avait beau marcher, il n'en atteignait point le bout. Il crut même être revenu plusieurs fois au même endroit. La peur le saisit ; il se jeta à genoux et pria la bonne sainte Vierge d'avoir pitié du pauvre père de famille dont les mauvais esprits se jouaient. Quand il se releva, il était plus calme, plus résolu ; il marcha droit devant lui, en ayant soin de ne s'écarter ni à droite ni à gauche : au bout de quelques instants, il sentit qu'il marchait sur des bruyères. Il trouva un sentier, le suivit et arriva sur le bord de la mer. — Je suis sauvé, se dit-il ; et en effet, il atteignit bientôt son domicile ; ce qu'il y eut de surprenant, c'est que la chèvre y était retournée depuis longtemps ; mais à partir de ce soir-là, elle ne donna pas une goutte de lait à la pauvre famille.

— Maître Ploudic, dit Kerruel en riant, je n'ai pas vu le bout de l'oreille d'un corriquet ni d'un lutin quelconque dans cette seconde histoire. Il n'est pas étonnant qu'un homme superstitieux, le soir, enveloppé d'un brouillard épais, se soit égaré au milieu de ces allées de pierres ; ce sont des accidents fort communs.

— Et le cri de la chèvre, qui l'attire dans les allées, messire, vous ne le trouvez donc pas étonnant ?

— Nullement, la pauvre bête fuyait sans doute son ennemi et poussait un cri de détresse. Ceux que le pêcheur fit entendre, en distinguant le loup, avaient rendu la fuite possible à la chèvre, qui, ne craignant pas les corriquets, était rentrée dans son chemin, que les animaux retrouvent mieux que les hommes.

— Et le lait qui ne revint plus. Comment expliquez-vous cela, messire ?

— Très naturellement, maître Ploudic ; la peur peut aussi bien tarir la mamelle d'une chèvre que le sein d'une nourrice. Cela s'est vu maintes fois, vous voyez, mon brave Ploudic, qu'il faut ranger parmi les contes toutes les histoires sur le monument de Carnac.

Maître Ploudic tenait à ses corriquets et aux pierres hantées.

— Eh bien ! moi qui vous parle, messire, moi Pierre Ploudic, j'ai vu, avec ces deux yeux qui distinguent encore bien ; j'ai vu, je ne dis pas un corriquet, non, c'était plus grand ; mes deux amis, Keriou et Marrec l'ont vu comme moi, et il n'y a pas longtemps, j'ai vu un revenant au milieu des pierres !

— J'attends votre aventure, maître Ploudic, je ne crois pas que vous ayez été la dupe d'une illusion.

Alors Ploudic raconta, avec un ton si frappant de vérité, ce qui leur était arrivé, que Kerruel ne put croire qu'il avait été dupe d'une illusion.

— Eh bien ! maître Ploudic, je veux en avoir le cœur net, et dès que les renforts seront arrivés et que je pourrai tenter l'aventure, je me rendrai ici à minuit.

VI. — Réflexions de messire le recteur de Carnac. — Voyage à Vannes. — Demi-succès. — Rencontre inattendue. — Secours envoyés aux fugitifs. — Arrivée de nouveaux soldats. — Monsieur Belamy et le capitaine Kerruel. — Dispositions de ce dernier. — Missive du gouverneur de Vannes. — Le capitaine mis aux ordres de monsieur Belamy.

Le peu de succès qu'avait obtenu monsieur Belamy dans la tentative faite pour empêcher le pillage n'avait point ralenti sa charité. D'un esprit trop éclairé pour ne pas se rendre compte des choses, il comprenait que le seul moyen de corriger les natures sauvages et farouches des riverains d'actes inhumains et contraires aux droits des gens, c'était la persuasion : la force courbe les volontés, mais ne les étouffe pas : elles trouvent toujours des occasions de se produire et de se donner carrière. Le capitaine Kerruel, homme d'épée, c'est-à-dire ne connaissant que la force brutale, allait faire un exemple terrible et capable de jeter la terreur parmi les riverains de l'Océan ; mais dès que le poids qui pèserait sur le ressort serait enlevé, le ressort reprendrait sa première position, celle qu'il avait avant la compression. Il faut, disait l'excellent recteur, ramener les hommes égarés et ignorants par la persuasion et en les éclairant sur le juste et l'injuste, sur ce qui est permis et sur ce qui ne l'est pas. La voix de la religion peut seule opérer ces changements. Les pères, les ancêtres des hommes farouches qui se livraient au brigandage des épaves, avaient hérité de ces abominables coutumes de ceux qui les avaient précédés; ils les avaient transmises à leurs enfants, qui les laisseraient, par leur exemple, à leur postérité, si la lumière ne se faisait pas dans leur esprit. On n'efface ni les traditions ni les coutumes qu'en montrant qu'elles sont sauvages, contraires au bien-être de tous, même à celui qui semble momentanément en profiter. La force courbe, mais ne porte pas la conviction dans l'esprit. N'avait-il pas déjà ramené à l'humanité quatre de ces riverains habitués à ce pillage, par la puissance de la raison?

Devait-il désespérer d'obtenir le même résultat auprès des autres en employant les mêmes moyens? c'est le raisonnement que se faisait monsieur Belamy. Aussi voyait-il avec peine les mesures que prenait le capitaine Kerruel pour intimider et punir les pillards. La bonté de son cœur le portait à une indulgence peut-être excessive, mais il se trouvait dans son rôle de chrétien et de prêtre. Il se rendit à Vannes, auprès de son évêque, pour lui faire connaître l'état des choses dans sa paroisse, et profiter de ses conseils.

Il parvint à faire partager, en partie, son opinion, mais l'évêque jugea, comme l'autorité civile, qu'un tel acte de brigandage devait être sévèrement puni. Il pensait que les conseils de la raison, la voix de l'humanité et de la religion auraient plus de puissance quand la punition aurait prouvé que le mal ne restait pas impuni.

Le bon recteur sentait la force des raisons, mais son

humanité souffrait en songeant que la punition retomberait sur des enfants incapables d'apprécier leurs actions, qui les jugeaient bonnes et légitimes parce qu'ils les voyaient commettre à leurs pères; et suivant toujours son raisonnement, il trouvait la même excuse pour les pères : n'avaient-ils pas hérité de ces coutumes de leurs ancêtres? Il retombait toujours dans le cours de raisonnements que lui indiquait la bonté de son âme : mais il était prêtre et soumis. Il s'en revint fort perplexe; son cheval allait doucement; le bon recteur était plongé trop avant dans ses réflexions pour s'occuper de sa route. Au détour du chemin qui longeait la lande, il entra dans un bois fort épais et d'une grande étendue : tout-à-coup deux hommes se jettent au-devant de son cheval; ils ont l'air hagard, leur chevelure en désordre, la longueur de leur barbe, leurs peaux de bique couvertes de bouc, tout, en un mot, dans leur extérieur, annonçait des malfaiteurs. Cependant leur intention n'était pas malveillante; ils avaient reconnu le recteur de Carnac, et recouraient à lui comme à un sauveur de l'intercession duquel ils espéraient le salut.

— Ah! messire recteur, lui dirent-ils, nous sommes tous perdus, nos familles mourront de misère. Deux détachements de soldats arrivent à la côte, notre hameau est déjà occupé : nous irons dans les bois et les marais, avec nos femmes et nos enfants; on va venir nous pourchasser comme des bêtes fauves. Nous sommes tous perdus, si vous n'avez pitié de nous!

Si monsieur Belamy eût imité le maître d'école qui fait le moraliste quand l'enfant se noie, il avait une belle occasion de pérorer. Il pouvait répondre aux suppliants : Que me demandez-vous? de la pitié, mais en avez-vous montré aux malheureux que la tempête a jetés sur vos côtes; ne les avez-vous pas massacrés pour vous emparer de leurs dépouilles ; et, quand j'ai voulu vous détourner de ces actes coupables, n'avez-vous pas rejeté mes conseils ?

Le bon recteur fut ému, il ne songea point aux récriminations, il descendit de cheval, entra dans le bois où les familles de ces malheureux se tenaient cachées, et fut ému jusqu'au fond du cœur de ce spectacle de misère et d'abattement.

Autour de lui, se réunirent tous ces malheureux, et le priant comme on prie celui de qui seul on attend des secours, ils lui disaient de leurs voix suppliantes :

— Ah ! messire recteur, il n'y a plus que vous qui puissiez nous sauver !

Lorsque la première émotion fut calmée, monsieur Belamy songea au parti qu'il pourrait tirer de cette rencontre. Il se fit rendre compte de la situation des autres riverains en fuite, et apprit que les habitants de Kebéreon les avaient exhortés à chercher un autre refuge que chez eux, parce qu'ils attireraient la troupe dans leurs contrées et qu'ils verraient ainsi leurs habitations, leur petit avoir, livrés à la cupidité et à la brutalité des soldats. Ils erraient donc dans les lieux les plus retirés, privés de nourriture, d'abri, et faisant partager leur triste sort à leurs pères, à leurs femmes et à leurs enfants.

Monsieur Belamy leur promit de leur envoyer des vivres, les engagea à ne pas se montrer dans le pays, mais à se tenir cachés jusqu'à ce qu'il eût découvert un moyen de salut : il se garda bien de leur donner des espérances qu'il ne partageait point. En se retirant, il leur laissa tout ce qu'il avait d'argent dans sa bourse,

Dès qu'il fut rentré dans son presbytère, il s'occupa de pourvoir aux besoins de ces malheureux qu'il avait laissés dans le bois, mais il craignait de compromettre la

4

tentative qu'il voulait faire, si le capitaine Kerruel venait à être informé des secours qu'il envoyait aux fugitifs. Il songea à Joë Judicaël : il connaissait son grand sens, sa discrétion ; c'était l'homme qu'il lui fallait pour intermédiaire.

Par hasard Joë se trouvait à Carnac, chargé par le capitaine Kerruel de venir y faire des provisions pour la troupe qu'il attendait. Joë, en retournant au hameau avec la charrette chargée des provisions, devait passer à une demi-lieue du bois. L'occasion se présentait donc favorable à son dessein.

Joë se chargea volontiers de la commission : quoique assez mal accueilli de ses concitoyens, il leur était cependant attaché et voyait avec peine l'occupation de la contrée par des soldats exigeants et peu disciplinés. Il se détourna de sa route directe, remit aux fugitifs les provisions que lui avait fait acheter le recteur, et s'entretint assez longtemps avec eux.

Pendant ce temps-là un fort détachement, envoyé de Lorient, débarquait sur la côte, et se rendait au hameau ; le tambour retentissait du côté des terres et annonçait un second détachement envoyé de Vannes.

Le rapport du capitaine Kerruel était de nature à porter l'autorité à prendre des mesures extrêmes pour réprimer un brigandage qui se répétait trop souvent : aussi les soldats demandés furent-ils envoyés sur-le-champ au capitaine Kerruel.

Les soldats récemment arrivés furent envoyés à Carnac, d'où devait partir l'expédition qui battrait le pays. Kerruel alla y installer la troupe : le recteur, qui avait déjà fait sa connaissance, lui offrit l'hospitalité, que Kerruel se garda bien de refuser ; il aimait le bien-être et croyait le trouver chez le pasteur.

— Capitaine, lui dit monsieur Belamy, lorsqu'ils se furent levés de table, la vie du soldat n'est pas toujours une vie chrétienne : il s'impose en maître quand la force est de son côté, et commande en maître exigeant.

— Messire recteur, le soldat est le soldat, et sera toujours le soldat. Il ne connaît que la raison du plus fort, et vous devez savoir qu'elle est toujours la meilleure

Le recteur sourit et répondit : S'il en est ainsi, tous les abus de la force ont leur excuse. Les sauvages riverains avaient pour eux la force : approuvez-vous l'usage qu'ils en ont fait envers les pauvres naufragés ?

— Je l'approuve si peu, messire recteur, que j'espère faire envoyer aux galères ceux que la hart épargnera.

— Et les soldats qui, sur le territoire ennemi, pillent, violent, incendient, qu'en faites-vous ? des héros ; pourquoi cette différence, quand les actions sont les mêmes ?

— Ah ! pourquoi, répondit Kerruel en souriant ; c'est que c'est le droit de la guerre, reconnu de toutes les nations et de tous les temps !

— Capitaine, le droit d'épaves était reconnu aussi de tous temps : avant l'édit de Louis XIV, il appartenait au seigneur, qui l'exploitait par ses vassaux : depuis l'édit, les riverains l'exploitent au profit de l'État. Dites-moi, capitaine, vous qui avez reçu de l'instruction, ne pensez-vous pas que des populations ignorantes qui ont vu ces deux genres d'exploitation soient portées à vouloir en établir une à leur profit ? N'allez pas croire que je veuille les disculper de cet acte aussi inhumain qu'abominable ; mais soyez persuadé que je voudrais détruire cette coutume criminelle, et que je crois en avoir trouvé le vrai moyen, si je rencontre en vous un aide poussé par le cœur et par l'humanité.

Kerruel regarda quelque temps le recteur, comme s'il eût voulu pénétrer sa pensée. Puis il dit : Si le moyen

que vous croyez avoir découvert pour mettre un terme à la
piraterie des riverains est approuvé par l'honneur, faites-
le moi connaître, et foi de Kerruel, je vous y aiderai de tout
mon pouvoir.

Monsieur Belamy lui prit la main et lui répondit : Capitaine, je vous avais bien jugé. Ecoutez-moi avec attention, ne vous laissez point dominer par des idées précon-
çues, et attendez la fin de ce que j'ai à vous dire pour vous
décider.

Le rassemblement de troupes que vous avez sous vos
ordres vous rend maître absolu dans le pays : vous avez
un crime à poursuivre, et votre devoir est de le faire. Vous
allez donc parcourir la contrée, où vos soldats, quoi que
vous fassiez, ne manqueront pas de commettre des désor-
dres ; pour que justice fût rendue, il faudrait les réprimer et les punir : le pourrez-vous ? Des actes d'injustice
impunie seront donc commis ; mais ce n'est pas là que
je veux surtout attirer votre attention : après bien des
marches et des contre-marches, vous parviendrez à saisir une partie des hommes qui se sont rendus coupables
lors du dernier naufrage. Les plus débiles seront condamnés à la hart, et les plus forts aux galères ; puisque les lois
le veulent ainsi, il faut que les lois soient exécutées ;
mais, n'y a-t-il pas une loi supérieure à toutes les lois, la
loi religieuse basée sur l'humanité, puisqu'elle commande
la charité ? Monsieur Kerruel, cette loi, je vais vous l'expliquer telle que mon cœur la comprend, telle que le saint
Evangile me l'enseigne ; mais j'ai besoin de mettre en
avant des idées préliminaires. Ces hommes que vous
prendrez, que vous enverrez mourir aux galères, ont de
vieux parents, des femmes des enfants, dont ils sont les
seuls soutiens, aux yeux de la justice divine, à ceux de
la véritable justice humaine, y a-t-il un droit qui autorise
à priver des vieillards, des femmes, des enfants, de leurs

soutiens, en un mot à commettre un acte aussi nuisible que criminel ? Je dis nuisible, je viens de vous faire voir à qui il nuit; je dis criminel, parce qu'on ne peut pas ne point l'être quand on punit des innocents.

Je sais ce que vous allez m'objecter, capitaine. Vous allez me dire que tout crime doit être poursuivi et puni, et que s'il en était autrement la société ne serait plus possible. Regardez bien autour de vous, capitaine, et vous ne verrez qu'une seule loi en vigueur : celle du plus fort, conservant sa puissance au nom de la loi; mais ceci n'est dit que comme une observation. Que veulent les lois? la répression de tout ce qui peut troubler l'ordre des choses existant puisqu'elles ne peuvent et ne doivent vouloir que cela, n'est-il pas conséquent d'employer les seuls moyens qui peuvent atteindre ce but sans résultats nuisibles? Voyons si ceux que vous allez employer rempliront ces conditions. Voilà les deux tiers de la population périssant par la hart ou par la mort lente et douloureuse des bagnes; leur postérité livrée à la misère, forcée au brigandage, parce qu'elle sera flétrie, et que la flétrissure dégrade l'homme. Le mal qui résultera de votre manière de réprimer le mal ne sera-t-il pas pire que le crime commis?

— Avec ces raisonnements, messire recteur, il n'y aura plus de sécurité sur nos côtes, et le pillage, le massacre des naufragés devrait être toléré !

— Pour juger mes intentions, capitaine, vous auriez dû attendre de les bien connaître. C'est ce que je vais tâcher de faire. Je vous dis que vous ne réprimerez pas le brigandage des épaves à tout jamais, en sévissant, comme vous avez le droit de sévir d'après les lois existantes. Voyez si tout ce que l'on a réprimé jusqu'à ce jour a détruit cette abominable coutume. Il faut donc recourir à un autre moyen, et je crois pouvoir en garantir l'efficacité.

Le capitaine sourit légèrement... — J'attends de connaître ce moyen, messire recteur.

— S'il vous semble praticable et raisonnable, me promettez-vous de m'aider à l'essayer, capitaine?

— Foi de Kerruel, je vous le promets, messire recteur; sauf mon obéissance à mes chefs et la violation de la loi existante.

— C'est bien, dit le recteur. Emparez-vous, sans effusion de sang, si cela est possible, du plus de coupables que vous le pourrez, recevez à merci ceux que je tâcherai de vous amener; retenez-les sous votre garde, dans ce pays, jusqu'à ce que j'aie eu le temps d'agir. Alors vous connaîtrez le moyen que je veux employer, et s'il ne vous offre pas de garantie pour l'avenir, vous agirez conformément aux coutumes indiquées par la loi.

Ils se séparèrent, le recteur pour écrire à son évêque et lui soumettre son plan, et le capitaine pour remplir les devoirs que lui imposaient les circonstances.

La missive du recteur à son évêque fut longue, profondément méditée; un habitant du bourg en fut chargé et partit, le jour même, pour Vannes.

Le capitaine Kerruel, qui n'avait pas recueilli un seul renseignement des gens du pays, au sujet des fuyards, dressait son plan pour battre la campagne et leur couper toute retraite.

Plusieurs jours s'écoulèrent sans que la troupe eût pu mettre la main sur un seul coupable. Le plan du recteur avait plus de résultats. Par l'entremise de Joë, de Ploudic et de ses deux amis, il était entré en pourparlers avec les coupables et les avait décidés à adopter son projet. Il n'attendait plus que la réponse de son évêque. Enfin, elle arriva, et le bon recteur fut heureux de la trouver conforme à ses désirs.

Le tambour annonçait la rentrée d'un des détachements

qui circulaient dans le pays. Monsieur Belamy le vit rentrer, harassé, mouillé jusqu'aux os. Les beaux jours, dont s'étaient plaint les trois pêcheurs, étaient passés. Le capitaine Kerruel, qui commandait ce détachement, rentrait dans un état pitoyable, et de fort méchante humeur.

Le recteur se tenait à sa fenêtre, à l'instant où le capitaine le saluait, il lui dit en souriant doucement : Capitaine, quand vous aurez changé de vêtements, et que vos devoirs seront remplis, je vous attends à souper.

Cette invitation dérida le capitaine; il se dit à lui-même : Je vais au moins me restaurer avec autre chose que de la galette, du lait aigre et de mauvais cidre.

Sa troupe le trouva plus gai et moins impérieux. Il faut bien peu de chose pour changer les dispositions de l'esprit.

Le capitaine ne se fit pas longtemps attendre : un repas substantiel l'avait attiré.

— Vous avez enfin des nouvelles, messire recteur, hâtez-vous de me les communiquer si elles peuvent me faire espérer de cesser bientôt cette chasse à l'homme qui ne nous a produit jusqu'ici que beaucoup de fatigue.

— Lisez, capitaine, lui répondit le recteur en lui présentant une lettre au sceau du gouverneur de Vannes.

Le recteur put remarquer que le front de Kerruel se plissa une fois, puis que la mauvaise humeur en disparut complètement.

— Me voici mis sous vos ordres, messire recteur : les Latins, si je me rappelle encore un peu mon latin, disaient : *Cedant arma togæ*. Il faut dire aujourd'hui : *Cedant arma Ecclesiæ*. Foi de Kerruel, j'obéis volontiers ; soupons et nous causerons après.

Voici, en résumé, le contenu de la missive envoyée au capitaine. Le gouverneur de Vannes lui mandait que, ayant connaissance du plan proposé par le recteur de la paroisse de Carnac, il enjoignait au capitaine Kerruel, chargé d'arrêter les hommes qui s'étaient rendus coupables du pillage d'un vaisseau naufragé et du massacre d'une grande partie de l'équipage, de se conformer au plan proposé par messire de Carnac, le service du roi et l'honneur militaire saufs.

— Maintenant, messire recteur, le capitaine Kerruel attend vos ordres et l'exposé de votre plan.

— Réunissez demain vos soldats devant l'église, et vous connaîtrez mon plan beaucoup mieux que par des paroles.

Ils se séparèrent, Kerruel se creusant la tête pour pénétrer les projets du recteur, et le recteur pour se livrer à l'espérance de sauver des pères de famille, de porter un coup décisif à l'horrible coutume des épaves. Il remercia Dieu du fond de son cœur de lui avoir permis de mettre en si bonne voie une entreprise difficile, et dont le succès promettait de si grands résultats.

VII. — Le plan du recteur de Carnac est mis en pratique. — Son succès. — Entretien de monsieur Belamy et du capitaine Kerruel. — Projet du capitaine. — Le recteur l'approuve. — Kerruel et son compagnon. — Ils sont dans les allées des pierres de Carnac. — Apparition. — Les deux visiteurs en retraite. — Recommandations de Kerruel au soldat Poidevin.

Le jour désigné par le recteur de Carnac au capitaine Kerruel était un jour de marché · les habitants des campagnes se rendaient en grand nombre à ces marchés; les jours des foires, que l'extension du commerce a tant multipliés depuis, étaient fort rares à cette époque : les jours de marchés en tenaient lieu. L'inquiétude que la présence des troupes jetait dans les esprits, faisait accourir les gens de la campagne qui n'avaient autre chose à faire au marché que de recueillir des nouvelles. L'opinion publique était favorable aux pêcheurs fugitifs : qu'avaient-ils fait de plus que leurs pères, que ce qu'avait fait la majorité des habitants? Est-ce que ce qui n'était pas réputé crime lorsque les seigneurs, et ensuite le roi, profitaient des épaves que l'Océan jetait sur leurs côtes, était un crime depuis que ceux qui les recueillaient au danger de leur vie en profitaient?

D'un autre côté, les hommes poursuivis tenaient à la plupart des familles du pays. Leur châtiment et l'infamie qui en rejaillirait sur les familles, alarmient donc tous les habitants. L'inquiétude agitait tous les esprits, et les rassemblements se faisaient nombreux et animés.

Quoique le capitaine Kerruel eût sous ses ordres une force suffisante pour se faire obéir, il n'en éprouva pas moins de l'anxiété, à la vue d'une multitude mal disposée, et qui ne trouvait pas la pression exercée sur le pays chose juste et légitime.

Des deux côtés, la tentation des esprits était extrême, parce que des deux côtés on s'attendait à quelque dénouement grave. Le recteur se tenait dans un silence complet.

Les relations de commerce commencèrent avec langueur, on sentait que l'événement du jour n'aurait aucun rapport avec les ventes et les achats.

Vers le milieu du jour, quatre charrettes recouvertes de bâches, de manière que les curieux ne pouvaient voir ce qu'elles contenaient, arrivèrent à la file sur la place du marché. Les conducteurs, qui n'étaient autres que nos quatre connaissances, maître Ploudic, Jehan Keriou, Yves Marrec et Joë Judicaël, posèrent devant leurs bêtes des bottes de foin, leur donnèrent la liberté de manger, et se penchèrent sur le timon des charrettes, absolument comme le font les bouviers qui attendent nonchalamment que leurs bêtes aient mangé leur foin.

Le capitaine Kerruel, à la tête de deux compagnies de **gardes-côtes,** formant un effectif de deux cents hommes, se tenait sur ses gardes, ses soldats bien alignés et à distance respectable de la foule. Evidemment un troisième personnage manquait, on sentait que la scène ne pouvait commencer sans lui.

Tout-à-coup il se fit un grand remuement du côté du presbytère · toutes les têtes se tournèrent vers ce point, et la foule s'ouvrit devant le recteur, suivi d'une nombreuse troupe de femmes, d'enfants et de vieillards qui le suivaient avec peine.

Monsieur Belamy vint se placer en face des soldats, à portée de la voix. Son cortége se tint à une faib'e distance et se trouva enfermé dans le cercle que forma la multitude des habitants.

Le bon recteur paraissait fort ému ; lorsque les rumeurs se furent apaisées, que toutes les oreilles furent attentives, le recteur, qui se trouvait placé sur une éminence d'où il dominait toutes les têtes qui l'entouraient, fit un signe de la main que tous comprirent ; il demandait le silence et l'attention. On ne saurait croire combien le silence devint profond et l'attention tendue : qu'allait-il dire ?

— Messire capitaine Kerruel, dit le recteur d'une voix qui pouvait être entendue de tous ceux qui l'entouraient, vous êtes ici le représentant de notre roi, les soldats qui vous obéissent sont ses soldats. Vous disposez d'une force devant le droit de laquelle nous devons nous incliner, parce qu'elle est la force publique répressive du désordre et des crimes, en un mot, parce qu'elle est la sauve-garde de la société.

C'est l'intérêt sacré de la société, je dis plus, de l'humanité, qui a nécessité votre présence dans le pays. En effet, quoique les hommes qui m'entourent, qui entendent mes paroles, soient des hommes, quoique sur les saints fonts du baptême ils aient reçu le titre de chrétiens, cependant ils laissent subsister une coutume barbare, contraire à la sainte charité de notre religion : je parle de la coutume de recueillir par le pillage, et souvent, mon cœur saigne en y pensant, en usant de la force brutale pour anéantir des créatures faites à l'image de Dieu, afin de s'emparer des dépouilles des naufragés.

La loi divine condamne cette coutume abominable ; la loi humaine la punit, et vous êtes venu parmi nous, capitaine Kerruel, pour infliger une juste punition aux malheureux qui se sont rendus dernièrement coupables de ce crime abominable.

Vous avez pour vous le droit, la force ; votre devoir vous impose l'obligation d'en user. Le sort des malheureux égarés et coupables doit s'accomplir. La justice des hommes doit avoir son cours. Je m'arrête, à la vue de ces enfants et de ces vieillards que vous voyez ici.

Femmes, enfants, vieillards, tous vont se trouver sans appui, tous marqués au front de l'infamie du châtiment infligé à ceux qui leur servent d'appuis. — Que vont-ils devenir ? — Ah ! capitaine Kerruel ! ah ! vous tous qui m'entendez, qui les voyez là, le visage exténué par les privations, les habits en lambeaux par une vie sans abri, ne vous sentez-vous pas émus, à la vue de tant de misères présentes et de tant d'autres pour eux dans l'avenir, dans tout le cours de leur existence !

Mais la loi humaine, la loi inexorable, parce qu'elle est la loi, les condamne, les réclame, et vous êtes ici, capitaine, pour obéir au plus grand, au premier des devoirs civils, pour obéir à la loi !

Mon Dieu, le trésor de tes inépuisables miséricordes est-il fermé pour ces malheureux. L'espoir doit-il être banni, le recours au repentir n'est-il point possible ? J'ouvre ton saint livre, ô mon Dieu, et j'y lis que les bras de ton fils s'ouvraient pour accueillir le coupable. J'entends ses saintes et touchantes paroles proclamant le pardon des injures, et prononçant ces mots : « Ne jugez point, si vous ne voulez point être jugés. » C'est en ton saint nom, mon Dieu, que j'implore aujourd'hui la grâce des coupables, c'est avec la certitude de dire la vérité que je proclame ici, en présence de tous ces chrétiens qui m'entendent, que je proclame l'abolition de la coutume impie et inhumaine des épaves. Il s'arrêta et se tournant lentement vers la foule, il dit : Mes amis, mes frères en Jésus-Christ, je promets en votre nom que la coutume de recueillir inhumainement les épaves est abolie, à jamais abolie sur ces côtes. Approuvez-vous votre recteur, sanctionnez-vous sa promesse ?

Il y eut une minute, une seule minute de silence. L'électricité de l'approbation se fit sentir à tous, et un cri immense approbatif retentit subitement.

— Oui, tous, oui, tous, nous approuvons les promesses de notre recteur, nous en jurons l'exécution.

Le dur soldat Kerruel était si profondément ému, qu'il s'avança vers le recteur, le serra entre ses bras et lui dit : Vous venez de faire ce que nos fusils et nos sabres n'auraient pu faire. Nous aurions comprimé, et vous avez aboli. Ma mission est finie dans cette contrée.

Les charrettes contenaient le butin fait sur le navire naufragé et rendu à l'autorité, pour qu'il retournât à ses légitimes propriétaires, la Hollande et le reste des naufragés.

Ce dénoûment inattendu auquel personne n'eût osé penser, parce qu'il semblait impossible, répandit la joie dans le pays, et coupa par la racine l'abus cruel des épaves de la mer. Tranquilles désormais sur leur sort, les spoliateurs, mieux corrigés par les saintes paroles de leur recteur que par les plus rudes punitions, se gardèrent bien de recommencer leurs pillages, et leurs enfants, qui n'eurent plus sous les yeux les exemples que leurs pères avaient reçus des leurs, devinrent aussi hospitaliers et aussi secourables que les peuples les plus civilisés.

Le capitaine Kerruel a fait rentrer sa troupe, chaque soldat trouve un ami dans chaque habitant. L'inquiétude a disparu, et la bonne nouvelle, répandue dans toutes les campagnes environnantes, avec tous ses détails, y produisit une véritable révolution morale. Quelque juste que soit l'emploi de la force, il laisse toujours après lui l'irritation, la haine et le désir de la vengeance.

Si le capitaine Kerruel se fût immédiatement retiré du pays, notre récit devrait s'arrêter ici, mais il était destiné à dissiper une autre croyance superstitieuse du pays. Et comme elle se lie à la première partie de notre histoire, nous sommes tenus de continuer ce récit

On se rappelle que Kerruel, qui avait entendu toutes les histoires auxquelles le monument de Carnac donnait lieu, depuis un temps immémorial, s'était rendu au milieu des pierres levées, avec maître Ploudic pour cicerone, et que, d'après les récits de ce dernier, il avait formé le projet de faire une visite nocturne au monument, afin de se convaincre, ou plutôt, comme il le disait, de convaincre les habitants de toutes les illusions mentionnées dans leurs récits, il voulut exécuter son projet avant de se retirer du pays. Il en parla au recteur, qui l'approuva; car, lui dit-il, il faut effacer de l'esprit des hommes toute croyance fondée sur l'erreur et conduisant à la superstition

— Messire recteur, dit le capitaine, je veux vous interroger loyalement. Veuillez me répondre avec la franchise d'un Breton. Que pensez-vous de toutes ces légendes, transmises de père en fils, et allant toujours s'augmentant comme la boule de neige qui roule du sommet de la montagne? Ne pensez-vous pas que dans un si long cours de temps, il s'est trouvé un homme assez sensé et assez

éclairé pour les confirmer, après en avoir reconnu le fonds
de vérité, ou pour les détruire, les effacer des croyances
populaires après en avoir reconnu l'illusion?

— Capitaine, lui répondit le recteur, quand une idée,
une croyance, est transmise de génération en génération,
on ne la discute point; on n'en fait point l'examen, on y
croit, et s'il se trouve un esprit plus éclairé qui veuille la
combattre, il se trouve alors en face de la croyance popu-
laire, et il est forcé de se taire, ou exposé à toutes sor-
tes de tribulations. J'ai dans ma paroisse un homme qui
se moque des apparitions de Carnac; savez-vous ce que
cela lui vaut? le surnom de sorcier. On le suppose en
relation avec les esprits imaginaires qui hantent, dit-on,
les pierres. Et admirez l'aveuglement de la superstition,
on lui fait un crime de fréquenter des êtres à l'existence
desquels il ne croit point. Cet homme, vous le connaissez,
c'est Joë Judicaël. Quand on vit qu'il venait souvent au
presbytère, et que j'usais de ses services, on m'avertit cha-
ritablement que Joë avait fait un pacte avec Satan. Il est
certain que le jeune homme a quelque chose d'extraordinaire dans son extérieur, ce que j'attribue aux accusa-
tions de sorcellerie qui sont lancées contre lui.

— Je suis enchanté, messire recteur, de trouver en vous
un homme qui partage mes opinions au sujet de la sorcellerie. Vous n'y ajoutez pas foi . depuis que je réfléchis,
je trouve cette croyance ridicule et même absurde. Mais
ce n'est pas au sujet de la sorcellerie et des pactes avec
Satan que je vous prie de me permettre de vous interroger; c'est au sujet des apparitions. Les croyez-vous pos-
sibles, et notamment celles attribuées aux pierres debout
de l'étrange et inexpliqué monument de Carnac?

Monsieur Belamy réfléchit quelque temps, puis il répondit ainsi :

— L'ancien et le nouveau Testament citent et affirment

des apparitions, je dois y croire et je les crois : mais entre les apparitions citées par les saints livres et celles de Carnac et toutes les autres de même nature, je trouve une différence si profonde que je rejette les dernières comme superstitieuses. Les apparitions citées par les livres saints ont eu lieu momentanément, elles eurent un but utile . les apparitions prétendues de Carnac ont un tout autre raractère : ce ne sont plus les messagers de Dieu qui descendent sur la terre, c'est une espèce d'êtres dont l'imagination fixe la nature. Ce sont des corriquets (esprits légers et malicieux), des lutins, des fantômes, pour les uns ; d'autres y voient Satan et toute sa cour.

Que font-ils ? quel but remplissent-ils ? à quoi servent-ils ? Tous les êtres de la création ont leur place, leur mission, leur utilité. Les êtres de Carnac n'ont rien de tout cela, parce qu'ils n'existent que dans les imaginations effrayées de ces populations ignorantes et crédules.

— Vous exprimez parfaitement ce que mon esprit, moins éclairé que le vôtre, entrevoyait. Mais il me reste un doute que je vous expose en vous disant les raisons qui l'ont fait naître.

Maître Ploudic m'a raconté des histoires qui s'expliquent d'elles-mêmes en les approfondissant, mais ce qui a donné lieu à mon doute est le récit qu'il m'a fait de l'aventure nocturne qui lui est arrivée, depuis peu, à lui-même et à deux de ses voisins. Maître Ploudic a dépassé l'âge où l'imagination joue le principal rôle · il a vu, sans illusion, ses deux voisins ont vu comme lui, au même instant, sous les mêmes apparences, un fantôme errant au milieu des pierres levées. Ce n'est que parce que je contredisais ses croyances que maître Ploudic m'a fait l aveu de ce qu'il assure, du ton de la plus franche bonne foi, avoir vu la nuit entre les pierres levées de Carnac. Il doit y avoir un fonds de vérité méconnue par ces braves gens; mais je ne doute pas qu'ils n'aient vu quelque chose : voilà pourquoi je veux faire une visite au monument, au milieu de la nuit, et quand la lune me permettra de bien distinguer un fantôme, ou tout autre être, d'une des pierres ou de son ombre.

Maître Ploudic m'a aussi parlé de la visite que vous av z rendue au monument, messire recteur, et de son résultat.

Mais savez-vous comment il explique ce résultat ? d'une manière assez raisonnable : lorsque je lui objectai que vous aviez parcouru les allées de pierres, à la même heure que lui, et que vous n'y aviez trouvé que la solitude et le silence, il a branlé la tête et m'a répondu : « Les êtres d'une autre vie, ou qui reviennent, après avoir passé par la tombe, ne se soucient pas d'avoir des rapports avec les gens qui portent la robe de messire notre recteur. » Ne pensez-vous pas que maître Ploudic raisonnait passablement pour un pêcheur?

— Eh bien ! capitaine, répondit en souriant monsieur Belamy, vous ne portez pas notre robe, votre épreuve devrait être décisive. Allez faire une promenade au clair de la lune, le long des allées de Carnac, et le lendemain je serai désireux d'apprendre ce que vous y aurez rencontré. Vous avez une épée contre les fantômes en corps de chair et d'os, vous avez le courage moral pour vous préserver des hallucinations Votre visite aura le même résultat que la mienne.

Ne prenez qu'un seul compagnon, si vous ne voulez pas y aller seul, car si, ce qui doit arriver bien certainement, vous ne rencontriez rien, les habitants du pays ne pourraient pas dire que leurs corriquels n'aiment pas à avoir des rencontres avec les fusils et les sabres de vos soldats, comme ils l'ont dit de ma robe.

— Je me propose de ne prendre qu'un compagnon, de garder le silence au sujet de ma visite nocturne : vous le

royez, messire recteur, je prends toutes les précautions
pour donner à ma tentative un caractère irréfutable ; mais,
ajouta-il en riant, il restera encore à vos paroissiens une
objection à faire, et ils la feront, je ne puis en douter : ils
diront du capitaine ce qu'ils disent de ce pauvre Joë Judicaël, que j'ai aussi fait un pacte avec l'ennemi du genre
humain, et que je suis sorcier.

— Cette accusation ne fera pas sur votre esprit la même
impression que sur celui de Joë : vous pourrez en rire
tout à votre aise ; c'est ce que je n'oserais affirmer si vous
habitiez le pays de ceux qui pourraient la faire. Capitaine,
vous allez courir les aventures contre les lutins bretons ;
la liste en est longue, je vous en préviens. Je vous souhaite toute réussite et vous rappelle que, tout chrétien,
quelque peu dangereuse que soit l'entreprise qu'il veut
mener à bonne fin, se met toujours sous la protection du
père commun des hommes.

Dès que le capitaine fut de retour à son cantonnement,
il songea à se choisir un compagnon d'aventure. Les
deux officiers qu'il avait sous ses ordres ne lui parurent
point convenables à son projet, ils touchaient aux
deux extrêmes : le lieutenant ne croyait à rien et
avait la détestable manie des incrédules, la manie du
persifflage ; le sous-lieutenant, bon soldat, peu lettré,
croyait au contraire à tout, avec la simplicité d'un enfant
ou la crédulité personnifiée. Parmi les derniers soldats
enrôlés, se trouvait un grand gaillard, qui ne connaissait
pas au juste le lieu de sa naissance et qui riait aux éclats
quand il entendait raconter les histoires merveilleuses du
pays. Il jeta les yeux sur lui, persuadé que le sifflement
du vent à travers les pierres levées ne le remplirait pas
de crainte et ne lui ferait pas voir des lutins à chaque pas.

La nuit devait être éclairée par une lune magnifique :
le ciel se trouvait bien voilé de quelques nuages, mais le

vent, aux approches de la nuit, soufflerait avec moins de
force, et les nuages n'obscurciraient que passagèrement la
lune.

Ainsi calculait le capitaine Kerruel, qui, sans qu'il vou-
lût se l'avouer à lui-même, éprouvait une vague inquiétude. Ce n'était pas un germe de crainte, non ; le capitaine eût appelé en combat singulier le premier qui eût
osé interpréter ainsi ce qu'il ressentait ; c'était ce sentiment sans nom et qu'on désigne par ces mots : c'était un
je ne sais quoi.

Il manda son soudard, et lui dit : Michel Poldevin
(c'était son vrai nom ou un sobriquet, nous l'ignorons ;
toujours est-il qu'il méritait ce nom ou ce sobriquet), Michel Poldevin tu vas aller te reposer jusqu'à dix heures
du soir, et tu seras prêt à me suivre à mon premier appel.

— Oui, mon capitaine, répondit le soudard. Que fau-
dra-t-il que je prenne pour être prêt ?

— Ton fusil, ta giberne et ton sabre.

Kerruel s'arma comme pour aller remplir une expédition périlleuse ; cependant il savait bien qu'il ne
trouverait pas d'ennemi contre lequel il pût faire usage
de ces armes ; mais l'homme est ainsi fait. Il voyage de
nuit avec une sorte d'inquiétude ; s'il est sans armes, le
moindre bruit l'alarme ; s'il se trouve bien armé, il se sent
fort, et marche plus résolument.

Il est dix heures, le capitaine Kerruel a réveillé Poldevin, et ils sont déjà hors du bourg.

— Il faut, Michel, que je vous fasse connaître le but de
notre promenade nocturne : nous allons visiter les pierres
de Carnac.

— Et pour quoi y faire, capitaine ? on dit que personne
n'ose y aller la nuit ; que les prêtres seuls peuvent y passer sans danger.

— Parce que je veux savoir si un capitaine de garde-côtes, accompagné d'un brave soldat, tous deux bien armés, peuvent aussi s'y promener au clair de la lune.

— C'est une drôle d'idée, capitaine, mais elle me plaît. Les peaux de biques du bourg ne disent-ils pas qu'elles sont hantées, ces pierres, par de petits bonshommes pas plus hauts que ma guêtre? Faut-il être ignorant et bête pour croire de pareilles histoires?

— Nous allons voir si ce sont des histoires ou des contes à dormir debout, Michel; nous sommes dans la lande, et je crois que les bandes noires qui s'allongent là-bas le long des grèves sont les pierres de Carnac.

— Ce sont elles-mêmes, capitaine, ne nous gênons pas, elles ne s'enfuiront pas devant nous.

Il est certain qu'à cette heure de la nuit, quand la lune jette sa pâle lueur sur la surface de la lande, sur les lames toujours turbulentes de l'Océan sur cette côte, les lames qui reflètent la lueur, comme les baïonnettes d'une armée reflètent les rayons du soleil, il est certain que ce spectacle a quelque chose de solennel qui porte l'âme à la réflexion. Puis quand devant vous, vous voyez onze lignes de fantômes immobiles, projetant leurs ombres aussi immobiles du côté opposé à la lueur, et que vous n'entendez que le vent qui se brise en murmurant contre leurs angles de granit, vous éprouvez une sorte de terreur qui ressemble à la terreur de la tombe.

Kerruel l'éprouva. Son grossier compagnon, qui ne voyait que les pierres, s'écria : — Comment diable les lutins et les petits corriquets peuvent-ils grimper sur ces grandes pierres? les singes ne le pourraient peut-être pas!

— Silence, Michel, dit le capitaine en étendant la main, ce que nous avons sous les yeux est imposant et solennel. En ce moment un léger nuage flotta entre la lune et la terre, et jeta une ombre passagère sur les pierres du mo-

nument. Dès que cette obscurité fut dissipée, on eût cru
voir des fantômes se dresser sur le sol et étendre leurs
ombres. Ce spectacle fut si rapide, si subit, que le capitaine et son compagnon en éprouvèrent le frisson.

— Ah ! se dit Kerruel, je comprends maintenant ce qui
a donné naissance aux histoires des fantômes du monument de Carnac : quelques-uns des grossiers habitants
de ces contrées l'auront vu dans un pareil moment, et la
superstition aurait fait le reste. Ils touchaient alors aux
premières pierres. La longue allée s'allongeait devant eux,
parsemée à distances égales des ombres des pierres. Ils
avancèrent sans se parler durant quelque temps. Tout-à-
coup Michel Potdevin, soit légèreté d'esprit, soit fanfaron-
nade, s'écria de toute la force de sa voix : Bonsoir, petits
corriquets, nous venons vous rendre visite, en bons voisins
que nous sommes... Où êtes-vous donc, mes petits amis ?

A l'instant même un cri sauvage, étranglé, qui n'avait
rien d'humain, s'éleva d'une allée centrale, et une forme
humaine d'assez haute taille, velue, traversa rapidement
l'allée voisine. On la vit courant à travers les pierres, puis
elle disparut dans le lointain.

Cette apparition subite, effrayante, se montrant à l'instant d'un appel ironique, jeta les deux spectateurs dans un
tel saisissement, qu'ils demeurèrent immobiles, ne songèrent point à faire usage de leurs armes : une sueur froide
inonda leur front. Ils restèrent muets, les regards fixés
avec effroi vers la direction où avait disparu l'apparition.

Kerruel surmonta le premier cette terreur inattendue.

— Michel, dit-il à voix basse, il y a dans la nature des
mystères qu'il n'est pas donné à l'homme de pénétrer, re-
tirons-nous de ces lieux.

Ils revinrent rapidement sur leurs pas, jetant de temps
en temps un regard inquiet derrière eux.

Ils avaient atteint l'extrémité des allées, lorsque Pot-

devin s'arrêta : sa respiration se trouvait tellement gênée
que, malgré le désir qu'il éprouvait de s'éloigner de ces
lieux, il lui était impossible de faire un pas de plus. Le
capitaine, plus maître de son émotion, s'en aperçut et s'arrêta aussi... Asseyez-vous, Michel, lui dit-il, respirez un
peu.

— Ah ! capitaine, capitaine, mes yeux viennent de voir
ce qu'ils n'auraient jamais cru voir ! — Il se tourna à
demi vers les allées.

— Michel, nous venons de nous comporter comme
deux enfants ; nous battons en retraite parce que nous
avons cru découvrir une forme humaine entre ces pierres.

— Une forme humaine, capitaine. Vous appelez ce que
nous avons vu une forme humaine. C'était velu comme un
ours, le poil luisait aux rayons de la lune. Puis baissant
encore la voix, il ajouta : — Si nous avions vu les pieds,
je suis sûr que nous aurions découvert les ergots. '

— Ainsi vous croyez que c'est le diable, mon pauvre
Michel ?

— Si ce n'est pas lui, qui est-ce donc? il avait dix fois
la taille des corriquets, dont on parle dans le pays. Et
quelle grosseur ! Ah ! capitaine, je crois qu'il était aussi
gros qu'un tonneau ! Mais éloignons-nous : il me semble
que je sens une forte odeur de soufre.

Au bout de la lande, là où commencent les ceintures
de haies qui closent les terres labourables, le sol offrait
une petite élévation. Ils s'y arrêtèrent, tranquillisés par
le silence qui les environnait. De là toutes les allées de
pierres s'offraient aux regards. Kerruel contempla ce
spectacle étrange, ces masses qui donnaient l'idée de
pierres sépulcrales recouvrant les débris de populations in-
connues, sans avoir laissé de traces dans les souvenirs
des hommes. Cette immobilité de mort, ce silence terrible
à côté de l'Océan toujours murmurant, remplirent l'âme de

Kerruel d'étranges pensées. Se pourrait-il, se dit-il en se parlant à lui-même, que les êtres appartenant à une autre existence que la nôtre habitassent ces ruines étranges ! Mais que sont-ils ? Que viennent-ils faire au milieu de la nature matérielle animée ? Mes yeux ont découvert une forme humaine, je n'en doute point ; ils n'étaient pas hallucinés. Qu'est-ce donc ?

Mais pourquoi ai-je jugé que cette forme humaine était un fantôme ? Nous aurions dû nous mettre à sa poursuite, et nous assurer quelle était sa nature. Si elle est de chair et d'os, nous avons des armes. Si elle n'est qu'une vaine apparence, qu'avions-nous à en redouter ? Pourquoi le courage faillit-il quand nous nous croyons en présence d'un être de l'autre monde ? C'est que la mort cache de terribles secrets. Un cadavre, fût-ce celui d'un parent chéri, nous inspire une terreur. Pourquoi ?

Il resta plongé dans ses réflexions, qui se succédaient sans suite : ses yeux restèrent attachés sur les allées de pierres. Soudain, il crut en voir une pierre qui se déplaçait ; il regarde, ses yeux le trompent, ce n'est pas la pierre qui se déplace, c'est la même apparition qui s'est assise au sommet, et qui vient d'en descendre ; elle traverse lentement l'allée, passe dans la seconde : tout fut voilé par l'ombre d'un nuage.

Il se leva vivement, et chercha inutilement son compagnon ; il avait disparu. Pressant le pas, il s'enfonça dans le chemin profond, raboteux, couvert des rameaux des haies, et atteignit enfin un lieu découvert. A une centaine de pas en avant il aperçut son compagnon, sur le fusil duquel la lune jetait sa lueur.

— Michel, cria-t-il, arrêtez. Pourquoi vous êtes-vous éloigné, Michel ?

— Capitaine, je ne sais pas pourquoi ; je n'ai songé qu'à m'en aller de là-bas.

— Ecoutez, Michel, notre aventure est trop étrange pour la publier.

— Je voudrais que vous ne la connussiez pas, capitaine, car elle serait comme enterrée sous une des pierres de là-bas.

— Nous nous sommes moqués des superstitions des habitants : n'allons pas leur prêter à rire à nos dépens.

— Non, capitaine, car je ne le souffrirais pas.

— Ils ont bien enduré nos railleries, Michel.

— Nous avions tort de les railler, capitaine, et je me garderai bien de le faire désormais.

— Ainsi, Michel, nous avons été nous mettre à l'affût pour abattre un sanglier ?

— Oui, capitaine, et comme il n'est pas venu de sanglier, nous n'avons rien abattu.

Ils rentraient au bourg, et quoique chacun d'eux regagnât son gîte, l'image de l'apparition les y suivit.

VIII. — Incertitudes de monsieur Belamy. — Arrivée du capitaine Kerruel. Il raconte son aventure. — Perplexité d'esprit. — Raisonnement du recteur. — Projet d'une nouvelle visite au monument de Carnac. — Le recteur et monsieur Belamy dans les allées de pierres à minuit. — Ce qu'ils y voient. — Joë Judicaël somnambule. — Ses réponses. — Retour au bourg.

Monsieur le recteur Belamy revient de l'église, il a célébré la messe du matin. Rentré dans son presbytère, il attend son frugal déjeuner : assis devant une petite table, en face d'une fenêtre qui ouvre sur la cour d'entrée, il se laisse aller à ses réflexions. Le capitaine Kerruel l'a prévenu de sa visite nocturne au monument de Carnac, il l'attend pour en apprendre le résultat. La petite clochette fait entendre son son argentin ; la porte s'ouvre, le capitaine traverse la cour. Qu'est-il donc arrivé? se dit le recteur, le capitaine n'a point sa mine ordinaire, il a l'air préoccupé.

Le capitaine entre et se jette sur un siége. Bon Dieu ! capitaine, lui demanda le recteur avec inquiétude, que vous est-il arrivé?

— Messire recteur, répondit lentement Kerruel, il m'est arrivé ce que je n'aurais jamais cru, ce que je refuse presque de croire, malgré le témoignage de mes yeux. J'ai vu un fantôme, un lutin, un diable, que sais-je ! dans les pierres de Carnac.

Le recteur le regarda avec étonnement.

— C'est vous, capitaine, qui me tenez ce langage ?

— Oui, c'est moi, messire : car j'ai vu et bien vu, et bien entendu, et j'ai besoin de m'éclairer auprès de vous. Alors il raconta de point en point l'aventure de la nuit précédente.

Le recteur tomba dans de profondes réflexions : ce n'était plus un homme ignorant et grossier qui lui affirmait les apparitions dont parlait toute la contrée. C'était un homme éclairé, au-dessus des peurs pusillanimes : il avait vu et entendu. Cela était, puisqu'il affirmait. Ses idées se confondirent, il resta longtemps la tête appuyée entre les mains, consultant sa raison, les traditions du passé; il en venait toujours à cette conclusion : Il faut qu'il y ait quelque chose d'extraordinaire.

Enfin il releva la tête et dit : Capitaine, votre récit bouleverse tellement mes idées que si un homme aussi grave que vous ne venait pas de me le faire, je le prendrais pour une de ces histoires que les gens de la campagne se racontent à la veillée; mais vous avez vu, et bien vu. Il n'y a pas illusion des yeux. Que Dieu permette une apparition pour une cause grave, je le concevrais ; mais une apparition qui n'a aucun but, qui semble se répéter souvent, je vous avoue que je ne puis me l'expliquer.

— Je me suis fait les mêmes objections, messire recteur, et comme vous, je me suis dit : Je ne puis pas m'expliquer ce que j'ai vu. Les morts peuvent-ils sortir de leur tombe ; franchement, dites-moi ce que vous en pensez ?

— La tombe, répondit gravement le recteur, ne renferme que la dépouille mortelle de l'homme, dont la décomposition est prompte. L'âme mortelle reçoit sa récompense ou sa punition, et n'appartient plus à notre existence matérielle. Vous avez vu un corps se mouvoir, entendu un cri qu'un organe matériel peut seul rendre. Capitaine, il y a un mystère que nous devons éclaircir. Voulez-vous m'accompagner cette nuit dans les allées du monument de Carnac ?

En disant que cette proposition ne flatta pas beaucoup le capitaine Kerruel, nous ne faisons aucun tort à son courage : mais autre chose est de se mettre en face d'un ennemi qui peut nous tuer ou être tué, que d'aller chercher un être dont la nature est inconnue, l'existence en-dehors de toutes les autres existences, et contre lequel on croit les armes sans puissance : cependant l'amour-propre, ce grand mobile des actions humaines, poussa Kerruel à accepter la proposition du recteur.

La nuit suivante fut désignée pour tenter cette nouvelle aventure, et le capitaine se retira.

Monsieur Belamy, laissé à ses réflexions, finit par ajouter foi à l'apparition. Quelqu'élevé et éclairé que soit notre esprit, il est toujours plus ou moins influencé par les milieux dans lesquels nous vivons, car Dieu a de profonds secrets ; la croyance aux lutins, aux apparitions, etc., est presque générale : dans la circonstance, une attestation grave comme celle du capitaine fit partager au recteur une partie des croyances populaires.

Monsieur Belamy était un esprit d'une trempe peu ordinaire : en-dehors des croyances religieuses, il n'admettait

5

que ce que la raison lui montrait possible et prouvé d'une manière irrésistible : il chassa donc de son esprit l'entraînement aux croyances vulgaires, et se mit à réfléchir profondément. Oui, se dit-il, l'âme survit au corps, qui lui-même est décomposé et non anéanti ; mais dès qu'elle a quitté son enveloppe terrestre, ma religion m'enseigne qu'elle paraît devant son juge et qu'elle va habiter la sphère assignée par la justice divine. La punition corporelle est sur cette terre, que l'Ecriture nomme si justement une vallée de larmes, mais l'âme a un autre séjour après le trépas.

Le capitaine a éprouvé une de ces hallucinations qui troublent souvent les raisons les plus fermes : qui sait si moi-même, dans le silence de la nuit, sur cette côte sauvage, entouré de pierres qui éveillent dans le souvenir tant de récits merveilleux, dont l'érection est un mystère encore inexpliqué ; qui sait si je ne subirais pas une de ces bizarres illusions auxquelles la faiblesse de notre nature nous expose ?

Rien ne jette l'esprit dans une plus grande fluctuation d'idées que les méditations sur un sujet mystérieux que la raison rejette et que le témoignage des hommes affirme : en définitive, le recteur pencha vers le doute et attendit avec une impatience fiévreuse l'heure de l'examen en action.

Le capitaine fut exact, il vint rejoindre le recteur au presbytère, et tous deux sortirent sans éveiller l'attention : le capitaine, qui avait aussi fait des réflexions, s'était reproché de n'avoir pas suivi l'apparition prétendue. Il sentait que le cœur avait eu une défaillance, il voulait la réparer.

La nuit était moins claire ; les rayons de la lune, tamisés par les nuages, ne laissaient tomber sur la terre qu'une lueur affaiblie qui ne permettait de distinguer les objets qu'à une courte distance.

Ils marchèrent en silence, jusqu'à l'entrée de la lande,

où le sourd murmure de la mer devint plus sensible : autour d'eux tout était silence profond, à peine entendait-on le léger frémissement du vent rasant les bruyères. Sur l'Océan, une lueur pâle et phosphorescente ondulait au-dessus des lames. Tout portait le caractère d'une sauvage terreur.

— Nous arrivons, dit le recteur, je distingue déjà les lignes sombres des pierres. Arrêtons notre plan de conduite. Ne nous écartons point l'un de l'autre, ne parlons point ; tâchons d'étouffer nos pas. Si, ce que je ne suppose guère, un objet quelconque nous apparaît, vous avez des armes, capitaine, contre un être matériel ; s'il est d'une autre nature, la confiance en Dieu me fournit aussi une arme puissante. Avançons sans crainte : l'illusion est peut-être ce que nous avons le plus à redouter.

Ce fut dans une des lignes du milieu qu'ils s'engagèrent. Le petit sifflement presqu'imperceptible qui bruissait autour d'eux était produit par le vent coulant entre les pierres ; ils n'y firent pas attention. Tout-à-coup le capitaine posa sa main sur le bras du recteur et se penchant à son oreille, il lui dit :

— J'entends un bruit léger de pas.

— Je l'ai aussi entendu, répondit le recteur, tâchons de reconnaître la direction prise par l'être qui le produit.

Le bruit devint plus sensible. On eût dit qu'un homme, à la marche sûre et légère, suivait l'allée qu'ils avaient à gauche ; le capitaine serra de nouveau le bras du recteur, et arma un pistolet.

— Pas d'armes avant la nécessité, capitaine, effaçons-nous contre cette pierre. On vient vers nous. A peine avait-il prononcé ces paroles à l'oreille du capitaine, qu'un corps noir, de la hauteur d'un homme ordinaire, passa rapidement dans l'intervalle des pierres : il s'arrêta à deux pierres de distance de celle où ils se tenaient, osant à peine respirer. L'apparition fit le tour des pierres, ils entendirent le frottement des mains sur le granit. Elle disparut de l'autre côté, puis traversa lestement la petite séparation qui se trouvait entre la pierre palpée et celle qui était voisine des deux observateurs.

Le même manège se répéta. Ils purent entendre ces mots, quoique prononcés à voix basse, comme quand une personne se parle à elle-même : « Ne trouverai-je donc jamais ? »

Ces paroles étaient en langage du pays : le recteur crut que cette voix ne lui était pas inconnue.

La pierre contre laquelle ils se trouvaient adossés faisait face à celle où l'apparition passa, dans la ligne parallèle.

C'était un homme, couvert d'une peau de chèvre, et sur sa tête se distinguait le bonnet de laine du pays.

La vérité commença à se faire jour dans l'esprit du recteur il laissa s'éloigner l'homme à la peau de bique, et dit au capitaine : Suivons-le sans bruit ; c'est un insensé ou un somnambule. Mais je ne connais dans ma paroisse qu'une vieille femme qui soit folle. Allons sans bruit.

Ils le suivirent jusqu'à l'extrémité des allées, où il s'assit sur une pierre. Le recteur avança vers lui, se mit en face sans qu'il fit le moindre mouvement. Il ne les entendit point. Ah ! bon Dieu ! dit involontairement le recteur, c'est Joë Judicaël : ses yeux sont fermés, il est somnambule ! Il lui prit doucement la main et d'un ton bas il lui dit :

— Joë Judicaël, me reconnaissez-vous ?

— Qui m'appelle ? répondit Joë en se levant et portant sa face du côté du recteur. Ses yeux restaient fermés.

— Je suis le recteur de Carnac, Joë ; ne vous troublez

— Ah ! messire recteur, vous savez donc aussi le secret ; c'est ma mère qui vous l'a dit, car vous n'étiez pas encore au presbytère quand mon père mourut. Il fut surpris par la mort et n'eut que la force de me dire : J'ai fait une croix sur la pierre avec la pointe d'un marteau.

— Pourquoi votre père avait-il fait cette entaille, Joë ?

— C'est qu'il voulait que le corps fût mis en terre sainte, et qu'on dit des messes pour le repos de son âme.

— Le corps de qui, Joë ? votre père repose dans le cimetière ?

— C'est le corps du naufragé qu'il avait achevé pour lui enlever sa ceinture.

Monsieur Belamy frissonna. Cette réponse lui rappela les actes de barbarie commis sur les malheureux naufragés.

— Si vous trouviez l'endroit où repose le corps, Joë, qu'en feriez-vous ?

— Je lui creuserais une fosse dans le cimetière, et je ferais dire des messes pour qu'il lui pardonnât.

— Je vais vous conduire à votre habitation, Joë.

— Non, non, les autres pourraient nous voir.

Il se détourna, courut légèrement sur la lande. Ils l'eurent bientôt perdu de vue.

— Est-il possible que ce soit ce pauvre diable qui m'ait effrayé l'autre nuit ? dit le capitaine.

— Pouvez-vous en douter, mon ami ? Si on avait le courage et la présence d'esprit nécessaires pour vérifier la cause de toutes les apparitions, on reconnaîtrait que bien peu sortent de la nature mortelle, et beaucoup de superstitions qui font honte à l'espèce humaine se dissiperaient. Voyez combien l'esprit de l'homme est enclin à la crédulité ; vous avez cru vous-même à une apparition surnaturelle, et, sur votre récit, tout incrédule que je me croyais sur ce point, j'ai eu des moments de crédulité.

— Retournons au bourg, dit Kerruel, la nuit devient glaciale.

— Volontiers, capitaine ; mais je veux auparavant me rendre à l'habitation de Joë. Ce pauvre malheureux peut avoir éprouvé une secousse par mon contact et mes interrogations, et s'il venait à s'éveiller en route, on assure qu'il pourrait lui en arriver malheur.

L'habitation de Joë se trouvait entre le hameau et les allées de pierres. Elle était seule et entourée d'arbres fruitiers. Ils distinguèrent bientôt une petite lumière dans la chambre basse, et quand ils s'approchèrent de la porte, ils entendirent qu'on la fermait.

— Retournons au bourg maintenant, dit le recteur, Joë est sous son toit. Il paraît que sa mère l'attendait.

— Vous ne sauriez croire, messire recteur, dit le capitaine, combien je me trouve soulagé depuis notre découverte. Vrai, j'aurais emporté de ce pays la certitude qu'on peut voir des apparitions réelles ; et je rougis presque d'avoir eu cette faiblesse durant tout un jour.

— Si cela vous fait rougir, mon ami, je dois avoir ma part de cette honte qui ne flatte guère votre amour-propre : nous avons beau trancher de l'esprit fort, il se rencontre des circonstances telles que notre force d'esprit est ébranlée. Mais allons toujours au fond des choses, cherchons la vérité avec des intentions louables, et nous la trouverons toujours autant qu'il est donné à l'homme de la connaître.

— A demain, mon ami ; après quelques heures de sommeil nous reparlerons de notre aventure.

IX. — Départ du capitaine. — Entrevue du recteur et de Joë. — Révélation. — Le recteur va de nouveau au monument. — Découverte du cadavre et de la malle. — Devoirs religieux rendus aux restes du naufragé.
— Discours du recteur sur sa tombe. — Changements produits par le discours. — Héritiers retrouvés.

Le lendemain, le capitaine reçut l'ordre de retourner à
Lorient et de diriger vers Vannes les troupes envoyées de
cette ville. L'ordre était pressant, il ne put donc que prendre congé du recteur, avant de faire ses préparatifs de départ.

Le recteur fit mander Joë Judicaël, et quand il fut rendu
au presbytère, il l'observa avec une grande attention :
Joë avait dans l'expression du visage, dans le regard surtout, ce qu'une observation attentive peut remarquer chez
toutes les personnes sujettes au somnambulisme : le regard profond, plutôt sauvage qu'égaré · ce fut la première
remarque du recteur. Mais il ne parut ni embarrassé ni
conscient de ce qui s'était passé la nuit précédente.

Monsieur Belamy crut devoir le préparer à ce qu'il
allait lui dire. « Joë, on parle toujours des esprits qui
hantent les pierres alignées, vous savez cependant que
nous les avons visitées ensemble, à l'heure où doivent s'y
trouver les esprits : cependant nous n'avons rien vu,
rien entendu. Que pensez-vous de cette obstination du
pays dans cette croyance superstitieuse ? » Il observait
Joë.

— Messire recteur, répondit-il sans paraître troublé, je
pense que puisque les gens du pays ont hérité de cette
croyance, l'ont adoptée, il est impossible de la leur tirer

de la cervelle : nous l'avons tenace, nous autres Bretons, et une fois une croyance admise, elle l'est pour toujours.

— Je veux vous faire part de ce qui nous est arrivé, la nuit dernière, au capitaine et à moi... Il tenait toujours les yeux fixés sur le visage de Joë... Nous sommes allés au monument et nous y avons vu l'apparition dont on parle tant.

— Vous, messire recteur, dit Joë avec un étonnement sincère, vous aussi ; quoique prêtre, et saint prêtre, ce que vous avez fait pour les autres le prouve, vous avez vu l'apparition ?

— Nous lui avons même parlé, Joë Judicaël !

Celui-ci porta sur le recteur un regard empreint d'un si profond étonnement, que monsieur Belamy eut la certitude que Joë n'avait pas la conscience de ce qui s'était passé.

— Vous lui avez parlé, messire recteur, est-ce qu'on peut parler aux esprits ?

— Je vais vous raconter notre conversation, Joë : l'apparition nous a semblé avoir votre taille, être couverte des habits que vous portez. Elle allait de pierre en pierre, passant la main sur leur surface, comme pour y chercher un signe gravé. Je l'ai abordée lorsqu'elle était à l'extrémité des allées, à l'instant où elle prononçait ces mots : Je ne trouve point la marque.

Il lui répéta, mot pour mot, la conversation rapportée ci-dessus. Joë tomba dans des réflexions si absorbantes, qu'il n'entendait plus, ne voyait plus le recteur. Puis soudain il s'écria :

— Mon bon Dieu, cela serait-il possible, et la mère aurait-elle raison ?

Un instant après :

— Cependant je suis bon chrétien ; je n'ai jamais pactisé avec les mauvais esprits. Messire recteur, croyez-

vous qu'on puisse courir le garou, être en relation avec
le diable sans le savoir?

La terreur était dans son regard.

— Joë, lui dit le recteur avec bonté, vous n'êtes ni
engagé avec l'ennemi du genre humain, ni en relation
avec les mauvais esprits : vous êtes somnambule.

Cette expression ne fut pas comprise du brave Joë.

— Somnambule, répéta-t-il lentement. Cela veut-il
dire sorcier?

— Non, mon ami, écoutez-moi avec attention et je vais
tâcher de vous faire comprendre ce qu'est un somnambule, et vous verrez que ni le démon ni les mauvais esprits n'y sont pour rien.

Joë respira, car il avait cru un instant que les autres
pêcheurs, dont il connaissait l'opinion à son sujet, n'é-
taient pas dans l'erreur en le traitant de sorcier.

— Quand une personne, dit le recteur, est douée d'une
imagination vive et tenace en même temps, cette imagination exerce une telle influence sur son organisme que,
même lorsque cette personne est endormie, l'imagination
agissant toujours, cette personne se lève, vaque aux affaires qui la préoccupent, et n'en garde aucun souvenir à
son réveil.

Les réponses que vous m'avez faites dans les allées
me prouvent qu'une idée vous préoccupe au point de dé-
velopper en vous, durant le sommeil, cette étrange faculté
d'agir en dormant, et que l'on nomme somnambulisme.
Il faut me communiquer cette idée, mon ami, afin que je
puisse vous venir en aide et vous guérir d'une maladie
souvent fort dangereuse.

De qui est le cadavre qui ne repose point en terre sainte,
mon ami? ouvrez-moi votre cœur. Vous voulez lui faire
dire des messes pour le repos de l'âme de votre père.
Parlez-moi franchement.

— Messire recteur, mon intention était de vous faire cette confidence, et cela depuis longtemps, mais je voulais auparavant avoir trouvé le lieu où le corps est enterré. Peut-être m'auriez-vous pris pour un insensé, un lunatique. Car à quoi m'eût servi de vous raconter l'histoire, si je n'avais pu enlever le cadavre pour que vous l'enterriez chrétiennement dans le cimetière! J'ai souvent parcouru les allées de pierres, durant la journée, cherchant la marque, et c'est pour cela que l'on me trouvait étrange. J'avais renoncé à cette recherche, parce qu'on disait que je suis sorcier. Ma pauvre bonne femme de mère m'a quelquefois donné à comprendre qu'elle croyait que je courais le loup-garou. Elle a bien prié et bien pleuré. Elle sera bien contente quand je lui rapporterai ce que vous venez de me dire. Je vais vous raconter toute cette histoire, et j'espère que la peine qui nous afflige cessera, et que ma mère en vivra plus heureuse ; car, voyez-vous, messire recteur, si ma mère a cru que je courais le loup-garou, c'est qu'elle regardait cela comme une punition ; elle m'a souvent dit, en pleurant : Joë, mon gars, le bon Dieu nous afflige, parce que tu n'as point accompli les dernières volontés de ton père. Si tu cherchais mieux, tu aurais trouvé la marque. Cette tristesse de ma mère et ses reproches étaient toujours à me torturer l'esprit : j'allais bien encore quelquefois, à la dérobée, examiner les pierres durant le jour ; mais je craignais tant d'être aperçu des autres, que je ne cherchais pas tranquillement. Cela nous chagrinait tant, ma mère et moi, d'apprendre qu'on me regardait comme un sorcier !

Je vais vous raconter toute cette histoire, messire recteur.

Il y a douze ans, j'étais encore bien jeune ; une horrible tempête jeta à la côte un grand navire français ; nos lanternes attachées aux cornes des vaches promenées sur les grèves, avaient amené ce naufrage. Deux chaloupes,

chargées de naufragés, après avoir été quelque temps bal-
lottées entre les pointes de rochers, furent mises en pièces :
les hommes qui se trouvaient dedans périrent tous, à
l'exception d'un seul qui se cramponna à une pointe de
rocher, y respira, et de là atteignit un autre écueil, où il
put encore reprendre des forces. La mer l'avait rejeté assez
loin de la partie de la grève où les débris des chaloupes
venaient d'échouer. C'était là que toute la population se
trouvait assemblée pour recueillir les épaves. Mon père,
dont la barque se tenait abritée dans une anse écartée,
me prit avec lui : il voulait arriver au navire naufragé avant
les autres. Nous descendîmes ensemble les rochers, et lorsque nous fûmes près de l'anse où la mer faisait danser notre
barque, je découvris à une assez faible distance une tête
d'homme au-dessus des vagues qui la couvraient à chaque instant ; mais comme elle se tenait toujours droite, je
dis à mon père : Il y a là-bas un homme vivant. La mer
se trouvait encore trop grosse pour que nous pussions
aller à lui, mais nous ne le perdîmes pas de vue. Une vague l'enleva et le poussa vers nous. Je le crus noyé, mais
un instant après nous le vîmes luttant contre le retour de
la mer. Mon père avança sa barque, et après une lutte
dangereuse contre les vagues, nous atteignîmes cet homme :
je lui jetai une corde, il la saisit avec désespoir. Attiré à
bord, il était évanoui, mon père le jeta sur la grève et me
commanda de veiller sur lui ; l'ardeur l'entraînait vers le
navire où d'autres barques se dirigeaient. Ma mère venait
d'arriver sur la grève : elle prit pitié de ce naufragé, et
comme elle est forte, nous pûmes le transporter à notre
habitation, qui était isolée, comme elle l'est encore aujourd'hui. Je retournai au rivage : le naufragé resta seul
avec ma mère, qui lui donna des soins et parvint à le rappeler à la vie. Mais il avait eu le corps brisé sur les rochers, et il lui était impossible de se mouvoir. Quand

mon père fut de retour, il déposa sur la table une petite malle qui parut très lourde. — Il n'y a que l'or ou l'argent qui pèse autant sous un si petit volume, dit-il à ma mère, en essuyant son front inondé de sueur. Aide-moi à mettre cette malle dans un coin, petit; tu la couvriras ensuite de fougère, et tu vas revenir avec moi à la barque. Je fis ce qu'il m'avait commandé de faire, puis je le suivis; la barque se trouva pleine, et nous la délestâmes en jetant son contenu sur le rivage. Ce ne fut qu'aux approches de la nuit que notre transport d'objets à l'habitation fut achevé.

Quand nous eûmes fermé notre porte, nous fîmes l'inventaire de ce que mon père avait emporté d'épaves : il était considérable si j'en juge par la joie que mon père et ma mère laissèrent éclater. Le naufragé, étendu dans un enfoncement sur un lit de bruyère, était complètement oublié. La petite malle restait à ouvrir. Mon père la porta sur la table, me fit tenir la lampe, et ouvrit la malle avec une hache. Leur joie fut délirante à la vue de sacs pleins de pièces de six livres, et un autre de louis.

— C'est ma malle, fit entendre une voix faible, au fond de la chambre.

Cette exclamation rappela à mon père le naufragé; il regarda ma mère d'un air sauvage et lui parla bas.

— Non, non, Georges, dit ma mère avec angoisse. Eh ! pour l'amour de la sainte Vierge, ne le fais pas !

Mon père parut céder à la prière de ma mère; il alla s'asseoir sur une escabelle et ne toucha point aux mets que ma mère lui présenta. Accablé de fatigue, j'allai me coucher et m'endormis profondément; le matin, quand je fus levé, toute trace des objets apportés du naufrage avait disparu, et le naufragé n'était plus sur la fougère au fond de la chambre.

Je demandai ce qu'il était devenu; ma mère ne me répondit pas, des larmes coulaient sur ses joues, et mon père, qui était très pâle, me répondit sèchement : — On est venu l'emporter ce matin. Puis, me prenant à l'écart, il me dit :

— Joë, notre part d'épaves est bonne ; si les autres le savaient, ils voudraient partager. Veille à ta langue, petiot. Tu n'as rien vu, tu ne sais rien. Il me répéta plusieurs fois cette recommandation.

Quelques jours après, il arriva de la troupe pour recueillir les épaves et tout ce que l'on pourrait tirer du navire naufragé. Cela jeta l'ennui dans le pays. Mon père se tint constamment avec moi à la mer, et sut ainsi se soustraire aux recherches ; mais à partir de cette époque, il devint sombre ; la moindre parole l'irritait, et ma mère vivait dans la tristesse : souvent je la surprenais à pleurer et à dire son chapelet.

Une ou deux fois, lorsqu'ils me croyaient endormi, je les entendis se quereller vivement. Mon père passa une fois une nuit entière hors de la maison.

Tout enfant que j'étais, je fis la remarque que mon père fréquentait moins les offices qu'auparavant, mais je n'en tirais aucune réflexion. Il devint morose et tellement difficile à vivre, que ma pauvre mère ne l'approchait qu'en tremblant.

Il revint un dimanche du bourg, dans un état si complet d'ivresse, qu'il n'atteignit la maison qu'après avoir fait plusieurs chutes. Son visage était ensanglanté, une large blessure se montrait béante sur son front.

— Ah ! Georges, s'écria ma mère, c'est une punition du ciel !

Il saisit un couteau et l'eût tuée, si je ne m'étais jeté sur son bras. Il trébucha et tomba devant le foyer, perdant son sang. Ma mère lava, banda les plaies et nous le portâmes sur son lit ; il ne s'en releva plus, une fièvre ardente

s'empara de lui ; et, aux instants du délire, il tenait des
propos que ma mère ne voulait pas que j'entendisse, car
sous différents prétextes elle me renvoyait toujours hors
de la maison. Malgré les soins de ma mère, mon père
déclina rapidement. Sentant sa fin prochaine, il m'envoya
chercher le prêtre, mais celui-ci se trouvait lui-même
alité. Je revins avec cette triste nouvelle.

La fièvre abandonna mon père et le laissa si faible qu'il
pouvait à peine parler. Ma mère pleurait. Je pleurais aussi.
Mon père me fit signe d'approcher, et ce fut alors qu'il me
parla d'un cadavre enterré entre deux pierres du monument. Il ne put qu'ajouter qu'une d'elles était marquée
d'une croix faite avec la pointe d'un marteau : il me recommanda de le rechercher, de le faire porter en terre sainte
et de faire dire des messes. Il expira avant d'avoir achevé
ce qu'il avait à dire.

Depuis la mort de mon père, ma mère resta malade,
et appela auprès d'elle une de ses sœurs. Ce n'est que depuis environ un an que j'ai connu toute cette triste histoire. Plusieurs fois j'avais soupçonné que le naufragé avait
été assassiné . je me trompais, mais cependant mon père
peut être considéré comme l'auteur de sa mort, car il le
cacha dans une partie retirée de l'habitation, le laissa man-
quer des soins que réclamait son état souffrant, de crainte
que s'il venait à être connu dans le pays qu'il gardait chez
lui un homme arraché au naufrage, on ne fît des perqui-
sitions à la suite desquelles il serait contraint de rendre la malle et les autres objets enlevés au navire naufragé.
Ma mère m'a assuré qu'il ne lui avait jamais indiqué le
lieu où il avait caché la malle ; c'était probablement cette
révélation qu'il allait nous faire quand la mort le surprit.

Sur les instances de ma mère, qui voulait remplir les
dernières volontés de mon père, je fis des recherches dans
les allées de pierres : elles attirèrent l'attention du pays,

et donnèrent lieu à des discours déshonorants pour moi. Je cessai mes recherches, malgré les excitations de ma mère, mais cette idée me poursuivait sans cesse et me rendait la vie triste et fatiguée. Je comprends maintenant pourquoi ma mère me reprocha indirectement, plusieurs fois, de courir comme un loup-garou, puisque je sais que je suis ce que vous appelez un somnambule.

Voilà toute l'histoire, messire recteur, elle est bien triste ; vous l'auriez apprise plus tôt, si j'avais pu découvrir le cadavre dont mon père parla en mourant. Je comprends aussi la cause de ces visites de la nuit aux pierres, messire recteur, et par vos conseils le bon Dieu permettra que je fasse enfin une découverte qui rendra peut-être le repos à une âme en peine, dès que le corps sera déposé en terre sainte, et que des messes auront été dites pour le salut de son âme.

— Allez, Joë, dit le recteur, instruire votre mère de ce qui vient de se passer. Rassurez-la, tranquillisez-la, et dites-lui qu'elle peut compter sur les consolations de la religion, et sur toute ma bienveillance. Je vous ferai connaître le parti que j'aurai arrêté au sujet de vos recherches. Allez, mon pauvre Joë.

Dans les circonstances où se trouvait monsieur Belamy, la conduite qu'il avait à tenir était très délicate. Il eût voulu dissiper les superstitions qui entouraient les allées de Carnac, en faisant connaître la vérité au sujet de l'apparition qui avait tant épouvanté maître Ploudic et ses deux voisins ; mais il était fort difficile de se faire comprendre, en s'adressant à des gens grossiers et imbus de tant d'idées superstitieuses ; il eût voulu aussi leur montrer, dans la mort prématurée de Georges Judicaël, père de Joë, une punition divine. Georges Judicaël avait été réputé pour être l'un des plus ardents et des plus habiles de la côte quand il s'était agi de dépouiller les naufragés. Mais le coupable avait paru devant le tribunal de Dieu, et des innocents ne devaient pas être flétris par sa bouche, lui qui avait reçu leur franche confidence. D'un autre côté, le pauvre Joë et sa vieille mère souffraient de l'inutilité des recherches du premier. Il y avait donc des douleurs à soulager et des leçons d'humanité à donner.

Monsieur Belamy chercha les moyens de satisfaire à tout.

Pour mieux connaître l'affaire, il se rendit chez Joë Judicaël : le récit que son fils avait fait à la pauvre femme l'avait calmée ; un prêtre, un ministre du bon Dieu était enfin instruit de ses douleurs secrètes ; il avait promis d'y mettre un terme, et ce qui était encore plus consolant pour la pauvre mère, c'est que son fils se trouvait purgé à ses yeux de tout commerce criminel avec les mauvais esprits. Elle avait parfaitement compris les explications de son fils, et avait entendu parler des gens qui se levaient et agissaient en dormant. L'arrivée du recteur la combla de joie, et dans son effusion, elle lui raconta des choses étranges que le bon recteur attribua à une imagination égarée.

— Oui, messire recteur, lui dit-elle, j'ai vu souvent le pauvre Georges ; il ne me parlait point, mais son air était si triste, si accablé, qu'il me disait tout ce qu'il souffrait ; quand je m'éveillais, je me trouvais si malheureuse, si accablée, que je n'avais pas le cœur de prier le bon Dieu. Puis, ce qui me désolait le plus, c'était de m'apercevoir que Joë avait quitté la maison, et courait je ne savais où : C'est une punition que le bon Dieu nous envoie, que je me disais, j'aurais dû faire ce que je n'ai pas fait. Georges me fait peur.

— Nous allons nous rendre aux allées de pierres, dit le recteur, et nous commencerons des recherches plus exactes que celles faites avec crainte par votre fils. Prenez une forte brosse et suivez-moi.

En Bretagne, surtout à cette époque, l'ordre d'un recteur ne rencontrait point de contradiction ; ils se rendirent aux allées de pierres. La nuit avait été pluvieuse, la mousse qui tapissait les monolithes se trouvait humectée et facile à enlever.

A la cinquième pierre, Joë poussa une exclamation ; il crut remarquer deux petits sillons se traversant à angles droits, sous une couche épaisse de mousse.

Monsieur Belamy les examina. — C'est bien le travail de l'homme, dit-il ; la mousse l'avait dérobé jusqu'ici à la vue ; voyons dans les environs. Le sol, durci par le temps, offrait tout autour la même apparence. Du côté du signe, il se trouvait couvert d'une forte couche de mousse et de quelques pieds de bruyère chétive.

— Je ne vois point de bruyère entre les autres pierres, amis, c'est ici. Creusez le sol, Joë.

Le pauvre garçon se mit au travail en tremblant, mais avec ardeur. A environ deux pieds de profondeur, sa pioche fut repoussée par un corps mou. Il jeta un regard inquiet sur le recteur ; celui-ci, qui suivait les progrès du travail avec une ardeur presque fébrile, dit à Joë : Le bruit de votre instrument ne provient ni de la pierre ni de la terre ; courage, mon ami.

Bientôt ils découvrirent une petit malle, garnie de plaques de cuivre. La mère et le fils poussèrent une exclamation : c'était la malle du naufragé. Lorsqu'elle fut retirée du trou, des os se montrèrent, entièrement dépouillés de leurs chairs.

— C'en est assez, dit le recteur ; emportez la malle, et recomblez le trou. Demain vous saurez ce que vous aurez à faire.

— C'est cette malle qui nous a porté malheur, dit la mère de Joë : qu'elle ne rentre jamais dans ma demeure !

— Soyez désormais sans inquiétude, ma bonne mère,

dit le recteur, elle ne vous portera plus malheur : votre demeure est la plus proche. Voyez, Joë, si vous pouvez la transporter.

Ils retournèrent ensemble à la demeure de la veuve Judicaël.

La somme renfermée dans la malle s'élevait à dix mille livres. On n'y trouva acun papier pouvant indiquer le nom de la famille du naufragé.

— Cet argent ne vous appartient point, dit le recteur; je prendrai des informations pour connaître le nom du navire qui périt il y a douze ans sur cette côte, et peut-être retrouverai-je la famille du malheureux dont la dépouille mortelle gît encore dans les allées de Carnac. Conservez ce trésor (une pareille somme, à cette époque, était véritablement un trésor), et avec l'aide de Dieu nous réparerons le mal, autant qu'il peut être réparé.

Le dimanche suivant, le recteur monta en chaire, et annonça à ses paroissiens qu'une cérémonie expiatoire aurait lieu le lendemain. Il les engagea à se réunir de grand matin à l'église, afin d'y assister.

Le son de la cloche retentit de grand matin, le lundi ; la piété, la curiosité attira un nombreux concours, car le recteur s'était borné à annoncer une cérémonie expiatoire.

Revêtu de ses habits sacerdotaux, il prit le chemin des allées de Carnac, précédé de la croix, comme quand il allait rendre les derniers devoirs à un de ses paroissiens : grand fut l'étonnement de la foule. Elle se mit à la suite de son pasteur, et quand il fut arrivé au lieu où gisaient les restes du malheureux naufragé, la foule fit cercle autour de lui.

La terre est remuée par des bras vigoureux, et les os, encore recouverts de quelques lambeaux de vêtement, furent pieusement déposés dans une bière. La foule restait muette. A qui avaient appartenu ces ossements? Comment le recteur avait-il deviné qu'ils étaient enfouis dans ce lieu, et mille autres questions se faisaient à voix basse...

Le cortége funéraire reprit lentement la route du bourg, et la cloche ne cessa de faire entendre les sons des funérailles.

L'office des morts fut célébré au milieu d'un calme religieux et plein d'anxiété. Quand on éleva la bière pour la porter au champ du repos, l'assistance l'y accompagna. Le recteur marchait en tête. La fosse béante apparaît ; le cercueil y est descendu, et rend ce bruit sourd et lugubre qui se fait entendre quand la terre va le couvrir à jamais.

Le recteur se mit à genoux auprès de la tombe et y resta quelque temps en prières. Les assistants, aussi à genoux, paraissaient prier avec recueillement : ils se trouvaient entourés des tombes de leurs parents, de leurs amis ; les souvenirs réveillés les reportaient vers le passé : les êtres qu'ils avaient aimés, avec lesquels ils avaient passé tant d'années de leur existence, dormaient sous ces élévations de gazon surmontées d'une croix en bois. Tout parlait à leur cœur, et la tristesse régnait dans l'assistance et jetait une teinte funèbre sur les visages.

Le recteur se releva lentement et fit un signe de croix sur sa poitrine ; on comprit qu'il allait parler, et un silence profond s'étendit sur l'assemblée.

— Mes chers paroissiens, dit le recteur, le pauvre malheureux aux restes duquel nous venons de rendre les derniers secours que la religion accorde à ses enfants était, il y a douze ans, plein de vie et de force ; peut-être, après une longue absence, allait-il recevoir les embrassements d'un père, d'une mère, de ses frères et de ses sœurs : il revenait le cœur rempli d'espérances, rapportant le produit de ses fatigues, loin de sa patrie, et comptant que la Providence allait lui accorder le repos après le travail, les douceurs de la vie de famille après les luttes et les déceptions de la terre étrangère... Il me semble le voir interroger les vents du ciel, calculer leur puissance d'impulsion dans les voiles, et compter les heures qu'il doit encore passer loin de la terre natale, de sa famille. Il s'arrête un instant la tête penchée... Falale illusion! désirs, souhaits, élans du cœur, tout s'évapore sur l'Océan... Ecoutez, écoutez, n'entendez-vous pas les voiles, les cordages, les poulies, les mâts qui gémissent, et l'horrible sifflement de la tempête qui roule sous un ciel illuminé d'éclairs, retentissant des roulements du tonnerre. Les vagues soulevées, furieuses, bondissantes à travers les écueils fumants et environnés de tourbillons d'écume, le jettent, le pauvre navire qui n'a que du bois et du fer à opposer à la force irrésistible de la tempête, à travers les pointes des rochers de granit. Un cri immense, douloureux, un cri que peuvent seuls pousser des hommes en péril, s'élève au-dessus des rugissements de l'Océan, et s'éteint dans les profondeurs des nues. Un autre cri s'élève. C'est le cri de l'espoir. Terre, terre! Là il y a des hommes, là il y a des frères, là il y a des chrétiens. Et la grande voix du canon de détresse apporte aux habitants de la côte ces cris de douleur et d'espérance : Frères, chrétiens, à notre secours, nous périssons!

La tête du recteur retomba sur sa poitrine. Il pleurait... Soudain, il tombe à deux genoux, et élevant les mains vers le ciel, il s'écrie : Mon Dieu, mon Dieu, pardonnez-leur, ils n'ont pas compris l'inhumanité de leur action ; ils n'ont pas compris l'étendue de leur crime!

Jamais discours ne produisit un effet plus foudroyant. Toutes les têtes se courbèrent sous les aiguillons du remords. Des sanglots percèrent ce silence effrayant, et quand le vénérable recteur se releva, promena les yeux humides sur ces hommes, ces femmes et ces enfants cour-

bés vers la terre, il se sentit soulagé. Le repentir péné-
trait ces âmes. D'une voix encore tremblante d'émotion,
il reprit ainsi, en se tournant vers la tombe : Pauvre naufragé, toi qui, il y a douze ans, trouvas la mort sur cette
côte habitée par des chrétiens ; toi qui, durant deux ans,
as dormi dans une terre non bénite, sous une terre étrangère, dans la solitude des restes inconnus du passé·
pauvre naufragé, sur la dépouille mortelle de qui la religion n'avait point fait entendre ses chants d'espérance,
réjouis-toi, tes restes, déposés en terre sainte, ont entendu
les chants de l'Eglise, et tes funérailles tardives ont produit un bien immense : les remords, le repentir, le retour à l'humanité, à la sainte et sublime morale du Christ,
qui mourut pour tous, en pardonnant à ses bourreaux.

— Mes chers paroissiens, ici, près de cette tombe. en
présence du Dieu de tous les hommes qui m'entendent, je
promets, en votre nom, que votre côte ne sera plus in-
hospitalière, et que les pauvres malheureux qu'y jettera
la tempête n'y trouveront plus que des frères, bravant la
fureur de la mer pour les sauver.

L'assistance, levant simultanément les mains, s'écria :
Nous le promettons pour nous et pour nos enfants !

Le recteur, heureux d'avoir atteint le but qu'il se pro
posait sans avoir désigné la famille Judicaël, rentra à
son presbytère et put se dire : Cette journée tiendra une
belle place dans mes souvenirs. Et il eut raison de le dire,
car un changement notable se fit dans les habitudes de
ses paroissiens. Dès que la manière dont ils avaient jusqu'alors recueilli les épaves des vaisseaux naufragés fut
regardée par eux comme un crime et un acte révoltant
d'inhumanité, ils cessèrent d'employer leurs stratagèmes
pour attirer les navires dans les brisants, et loin de dépouiller les naufragés, ils leur portèrent secours et les
reçurent dans leurs habitations.

Il restait un préjugé à détruire, et cela était d'autant plus difficile qu'il n'avait pu expliquer comment il avait découvert les ossements enfouis dans les allées de pierres. Le peuple veut une solution à tout, et quand on ne la lui donne pas il l'invente.

Messire le recteur, disaient les uns, en allant visiter les allées, a eu l'apparition de l'âme du naufragé qui réclamait des prières. C'était cette pauvre âme en peine que maître Ploudic et ses deux voisins avaient vue aussi, mais comme ils avaient eu peur, elle n'avait pu leur parler; il fallait qu'un bon prêtre s'en mêlât Maitre Ploudic, très disposé à adopter cette opinion, s'étonnait que les âmes des morts apparussent aux vivants avec une peau de bique et un bonnet de laine rouge. Mais, ajoutait-il en terminant, le bon Dieu fait les choses comme il l'entend.

D'autres se disaient que leur recteur, qui était un saint prêtre, avait tout appris parce qu'il avait toute puissance sur les mauvais esprits . chacun faisait sa version; et plus elle était merveilleuse, mieux elle était accueillie.

Monsieur Belamy, qui voulait détruire ces folles superstitions, ne savait vraiment quelle corde attaquer. Joë Judicaël ne devait pas être mis en scène; le pauve garçon souffrait déjà trop de sa réputation de sorcier; il ne fallait pas offrir une nouvelle prise à la crédulité, et personne n'y est plus enclin que l'homme ignorant.

Les circonstances vinrent au secours de monsieur Belamy. Quoiqu'il y eût douze ans écoulés depuis le naufrage, la somme trouvée dans la malle n'en appartenait pas moins aux héritiers légitimes du malheureux à qui il venait de rendre les derniers devoirs religieux. Il s'enquit inutilement du nom du navire naufragé, les gens du pays ne purent le lui dire.

Il écrivit à Lorient, indiqua l'année, et à peu près la date du jour de ce naufrage. Il ne fut pas plus heureux.

Le hasard le mit sur la voie. De tous les objets provenant du pillage, la femme de Georges Judicaël n'avait conservé qu'un petit livre, non qu'elle pût s'en servir, mais il avait de belles images représentant Jésus-Christ, la Vierge et de saints personnages; durant une visite que fit le recteur à la veuve Judicaël, ce petit livre frappa ses yeux : il le prit, l'ouvrit, et reconnut avec étonnement ce que l'on nomme depuis un Paroissien romain, sorti des presses d'Elzévir. Appréciant ce volume, il s'informa comment il était tombé entre les mains de la veuve Judicaël; celle-ci lui avoua qu'il s'était trouvé au nombre des objets rapportés par feu Georges Judicaël lors du malheureux naufrage.

Monsieur Belamy le feuilleta et trouva sur le blanc de la première page ces mots écrits : « Etienne Gambart, négociant à Brest, province de Bretagne. » Il allait enfin pouvoir faire des recherches avec quelqu'espoir de réussite.

Il écrivit à plusieurs prêtres de Brest, qu'il avait connus au séminaire, et les pria de faire des recherches au sujet d'une famille portant le nom de Gambart.

A cette époque les correspondances ne se faisaient pas avec la même rapidité que de notre temps : les jours, les semaines s'écoulèrent sans que le recteur reçût les renseignements demandés. Enfin une réponse du recteur d'une paroisse de Brest lui fut apportée par un de ses paroissiens qui revenait de Vannes. Voici en résumé son contenu :

« Il existe encore à Brest une famille du nom de Gam-
» bart: le chef de cette famille, ancien négociant, périt
» sur mer, à l'époque citée par la lettre que j'ai reçue
» de vous; cette famille se compose de la veuve Gambart
» et d'une fille, toutes deux retirées des affaires et jouis
» sant d'une modique fortune. »

Monsieur Belamy ne douta pas que ce ne fussent la

veuve et la fille du naufragé. Quoique la manière de voyager du temps fût lente et fatigante, monsieur Belamy se fit remplacer dans sa cure de Carnac et se rendit à Brest. Lorsqu'il eut acquis la certitude que ces deux femmes étaient réellement les héritières légitimes du naufragé, il leur remit la somme de dix mille francs ; ces dames, reconnaissantes, voulurent qu'il acceptât une somme de deux mille francs, pour le défrayer de tout ce qu'il avait fait pour les mettre en possession de la fortune de feu Gambart, et pour dire des messes pour le repos de l'âme du malheureux dont la fin avait été si déplorable.

A son retour a Carnac, le recteur donna à la mère de Joë une somme de six cents francs et employa le reste selon les vues des donatrices. Les événements qui venaient de se passer, quoique monsieur Belamy les eût tenus secrets en ce qui concernait Joë Judicaël, ne laissèrent pas de transpirer et d'être livrés aux interprétations plus ou moins merveilleuses. Le paysan breton aime le surnaturel ; s'il n'y a pas matière à en soupçonner, son imagination, tournée vers le merveilleux, sait en inventer. Voici la version la plus accréditée qui resta dans le pays, et que la tradition, d'une ténacité singulière quand il s'agit d'histoires étranges, conserva jusqu'en 1823, époque où elle nous fut racontée.

Un naufragé qui s'était accroché à une pointe de rocher fut tué d'un coup de rame par un habitant de la côte, dont la tradition avait oublié le nom. Voici le merveilleux, car de pareils meurtres n'étaient pas rares aux jours de naufrages : le corps coula d'abord à fond, mais les jours suivants, le meurtrier le trouva accroché à sa barque ; il le rejeta à la mer qui se retirait alors : le lendemain, le cadavre livide, horriblement enflé, se trouva encore accroché au bord de la barque.

Le meurtrier prit sur le rivage une pierre qu'il eut de

la peine à porter dans la barque ; il l'attacha au cou du
cadavre et la traîna dans une partie de la mer où le courant était très fort à la marée descendante, et la laissa
couler. Il crut que cette fois il ne le reverrait plus. Quelle
fut son épouvante le lendemain, en retrouvant la pierre
dans sa barque et le cadavre retenu par la corde ! Il con-
sulta un mire (sorcier et médecin), et d'après son conseil, il alla l'enterrer entre deux pierres du monument de
Carnac. Les esprits qui hantent les allées, lui avait dit le
mire, ne le laisseront pas revenir à la mer. Effectivement
il n'y retourna pas, mais un autre prodige se manifesta.
Un fantôme erra dans les allées de pierres, pleurant et gé-
missant à l'heure de minuit. La tradition avait conservé
fidèlement les noms de maître Ploudic, de Jean Keriou et
de Yves Marrec, et racontait scrupuleusement l'histoire de
ces trois braves pêcheurs, sans oublier d'ajouter que leur
épouvante avait été telle qu'ils avaient pris leurs ménagères pour des fantômes. Cette circonstance servait de
transition naturelle à la suite de l'histoire. Les trois femmes
outragées, et croyant leurs maris en rapport avec les mauvais esprits, s'en étaient allées trouver le digne recteur de
Carnac, et lui avaient déclaré tout uniment qu'elles ne
voulaient plus vivre avec les sorciers, et l'avaient ensuite
prié de les démarier. Comme on le voit, la tradition devient de l'histoire, et elle continue de l'être jusqu'au bout.
Le recteur s'en va, à minuit, dans les allées de pierres ;
il y rencontre l'âme en peine, et après s'être entretenu
avec elle, et avoir connu la cause de sa souffrance et le
lieu où son corps avait été enfoui, le digne recteur alla le
chercher processionnellement avec tous ses paroissiens, le
fit déterrer pieusement, et emporter à l'église, où les offices des morts furent célébrés ; ensuite les os furent déposés en terre sainte. Le sermon que le recteur fit sur la
tombe fut si beau et si émouvant que tous les assistants

promirent pour eux et pour leurs enfants de renoncer à l'abominable coutume dite des épaves de l'Océan, et, de ce jour, pas un naufragé ne fut pillé ou massacré sur la côte.

Ce fut non un pêcheur, mais un agriculteur aisé qui nous fit ce récit, et, ce qui nous parut remarquable, c'est qu'il se nommait Judicaël, et nous assura tenir cette histoire de son père, Judicaël, ancien pêcheur.

— Et depuis, lui demandâmes-nous, a-t-on revu des fantômes ou des corriquets dans les allées de Carnac?

— Tous ont déménagé, mon brave Monsieur; le digne recteur sut si bien s'y prendre que deux vilaines choses disparurent en même temps, l'habitude de *faire des épaves*, et les fantômes et tous les corriquets de Carnac; depuis on n'en entend plus parler que dans les histoires des veillées d'hiver.

— Il est étonnant, père Judicaël, qu'on n'ait pas conservé plus soigneusement le nom du vénérable prêtre qui fit un tel bien à votre contrée?

— On ne l'a pas conservé, que vous dites? Vous ne nous connaissez guère, nous autres Bretons ; la mémoire de monsieur Belamy est conservée par tout le monde ; on va prier sur sa pierre sépulcrale, et quand nous voulons parler d'un bon prêtre, le plus bel éloge que nous puissions en faire, c'est de dire : « C'est un autre monsieur Belamy. » Dans vos grandes villes, vous oubliez souvent les noms de vos grands seigneurs ; nous, nous n'oublions jamais ceux de nos bons prêtres.

Le père Judicaël nous accompagna dans le monument, comme son père Joë y avait accompagné monsieur Belamy ; nous n'y vimes qu'un monument étrange, inexplicable, et qui dut exiger, pour son érection, le concours de nombreuses populations. Mais quelles étaient-elles?... Des pierres énormes, immobiles, disent seules : « La main de

» l'homme nous **a** dressées et alignées. » Le reste est le mystère impénétrable du passé.

La journée était fort avancée lorsque nous revînmes du monument de Carnac. Le père Judicaël me fit remarquer les indices d'une tempête qui s'annonçait vers l'ouest. A une journée chaude et éclairée d'un soleil magnifique allait, me dit-il, succéder une nuit pluvieuse et tourmentée par les vents de l'ouest, qui ne trouvant pas d'obstacle sur la surface de l'Océan, venaient se briser avec une violence excessive contre les rochers de la côte : refoulés par cet obstacle, ils se trouvaient lancés par les courants qui les suivaient, bondissaient au-dessus des rivages et fondaient avec des sifflements affreux à travers les inégalités des terres, déracinant les arbres, et emportant assez souvent les toits des habitations. Voyez, ajouta-t-il en étendant la main vers l'horizon, voyez cette large bande de nuages parsemés de nuances cuivrées, de nuances d'un rouge éclatant, entremêlés de traînées sombres : il y a dans ces nuages, qui fondent sur nous, plus de vents qu'il n'en faudrait pour jeter les flots par-dessus nos rochers, et ravager nos terres, si, au sud et au nord, ne s'étendaient pas des espaces où se rueront leurs tourbillons ; ce sont les deux ailes de l'armée des nuages ; si elles s'abattaient sur nos côtes avec le corps d'armée, pour sûr nous aurions plus de désastres en une nuit que nous n'en avons éprouvé depuis bien des années.

Tandis qu'il me donnait ces explications, je suivais d'un œil attentif la marche des nuages, que déjà de longs éclairs illuminaient, en se suivant rapidement. La bande signalée par Judicaël s'étendait en avant, allongeait ses bras vers le sud et vers le nord; sa marche était si rapide qu'elle couvrait déjà une partie de l'Océan, se tenant toujours à une grande élévation : entre ce dôme menaçant et l'Océan, dont les vagues commençaient à se soulever en lourdes masses, on voyait de océans de vapeurs s'élever, comme d'une fournaise, de la mer aux limites de l'horizon : je n'avais point encore vu de spectacle plus imposant, plus propre à fasciner l'imagination. Presqu'au même instant la grande voix du tonnerre retentit à travers ces espaces chargés de nuages : comme si l'Océan n'attendait que ce signal pour entrer en mouvement, il souleva ses flots, les précipita les uns sur les autres, et des murmures, d'abord profonds, puis retentissants et répétés, éclatèrent dans les espaces du ciel. C'était un orage comme il en éclate souvent sur les côtes de l'Armorique, c'est-à-dire un orage épouvantable. Tout-à-coup, la clarté qui nous tombait encore de la partie non envahie du ciel fut éteinte, et les ténèbres nous enveloppèrent. Leur profonde obscurité, qu'illuminaient à chaque instant des éclairs, prédécesseurs de violents coups de tonnerre, nous permettaient de distinguer l'opacité des nuages, et nous éblouissaient les yeux.

Toutes les ouvertures de l'habitation sont exactement fermées : la famille de Judicaël se réunit autour du foyer, où, malgré la chaleur accablante, brûlait un immense fagot. Les gens de la campagne, en basse Bretagne surtout, sont persuadés que la flamme éloigne la foudre. La pluie tombait à torrents.

— Tant mieux, dit le père Judicaël, la tempête sera

moins de ravage sur nos terres ; la pluie rompt la force des vents.

— Que vont devenir les pêcheurs que nous avons vus ce matin s'éloigner de la côte, demandai-je à Judicaël ?

— Les pêcheurs, me répondit-il en souriant, ont lu comme moi, et avant moi, ce qui se préparait à l'ouest. Ils ont regagné la grève, consolidé leurs barques, autant qu'on peut les consolider contre la rage de la mer, et ils sont à présent, comme nous, abrités par leurs toits, sous lesquels plusieurs s'endorment au bruit de l'orage. Ils ne craignent que pour leurs barques, car ils ont la branche de buis bénit attachée à leur cheminée et au chevet de leur lit.

J'avais été tellement absorbé par ce que j'avais vu et entendu, que je n'avais pas remarqué un vieillard, assis dans une petite loge en planches, à la droite du foyer. Une barbe courte et blanche lui couvrait le bas du visage ; de longs cheveux aussi blancs que la barbe s'étalaient sur ses épaules. Frappé de respect, je m'inclinai ; il me rendit mon salut avec un air d'aisance qui me surprit.

— C'est notre patriarche, le père Tanouarn, me dit Judicaël ; il a été surpris par l'orage, et est venu se réfugier chez nous.

— Chez moi, mon gars, dit le vieillard en souriant ; ne m'avez-vous pas dit que j'étais votre père à tous ? je suis donc chez moi quand je suis chez mes enfants.

Toute la famille applaudit à ces paroles. La femme de Judicaël lui dit :

— Aussi, père, vous avez ici votre coin du feu, où personne ne se place que vous, votre lit, et le haut bout à table.

— C'est bien, ma fille, dit le vieillard ; mais avant d'aller m'étendre dans mon lit, je prendrais volontiers le haut bout de la table... Allons, petites, qu'on mette la touaille sur la table, et vous, la ménagère, songez à la garnir.

Cette bonhomie, cette simplicité de mœurs et ce respect pour la vieillesse me charmèrent : je m'approchai du vieux patriarche et fus étonné de la facilité avec laquelle il s'exprimait, et de la lucidité de ses idées. — Vous êtes désireux de savoir ce que fut le pauvre débris d'homme que vous voyez devant vous, me dit-il ; quand nous aurons donné au corps ce que le corps réclame, je vous ferai ce récit. Les vieillards aiment à raconter, cela les fait repasser par les sentiers de la jeunesse et de l'âge mûr, et ils trouvent toujours quelques bons souvenirs à glaner. Mettons-nous à table, la ménagère a servi.

Je fus placé à la droite du patriarche, et fus surpris de sa frugalité, après avoir entendu le désir qu'il avait témoigné. On lui servit deux œufs frais, avec des tranches de pain, un grand verre à pied, et un flacon d'eau. Le *Benedicite* avait été récité par lui, et le bruit des cuillers et des fourchettes succéda à la pieuse prière.

Le vieillard remarqua que je m'étonnais de le voir boire de l'eau :

— Mon enfant, me dit-il, l'eau est la boisson que Dieu a donnée à toutes les créatures : comme il sait mieux que nous ce qu'il leur faut, après avoir longtemps usé des boissons que la sensualité a inventées, ne m'en trouvant que plus insensé de temps en temps, j'ai pris, un peu tard il est vrai, le parti d'en revenir à la boisson du bon Dieu : il y a de cela quarante ans, j'avais alors soixante-cinq ans. Depuis que j'en fais uniquement usage, ma santé a rajeuni, mes idées sont fraîches comme dans ma jeunesse, et ma mémoire s'est conservée; quant à la vue elle est excellente : je ne sais quand Dieu m'appellera, mais je crois bien que lorsque la mort me fermera les yeux, j'emporterai toutes mes dents dans la tombe.

On parle de la mort ; on la craint, son nom seul fait pâlir les fronts. Eh ! mon Dieu ! si les hommes la redoutent tant, pourquoi n'éloignent-ils pas cet instant terrible, en se conformant simplement aux lois de Dieu ! Savez-vous ce qui abrége plus de vies que la peste, la guerre et la mort naturelle elle-même? C'est la gourmandise ; les hommes, au lieu de manger pour vivre, vivent pour manger.

Il paraît que la famille Judicaël était habituée à ces sorties du patriarche contre la gourmandise, car pas un visage ne parut étonné, et les fonctions masticatoires ne s'en ralentirent pas un instant ; le pot de cidre se vida, se remplit pour être encore mis à sec, comme si le vieux Tanouarn n'avait pas préconisé l'usage de l'eau.

Cependant la tempête continuait ; les volets craquaient, les poutres et les solives semblaient se plaindre ; Judicaël parut un peu inquiet.

— Reste donc tranquille, mon fils, lui dit le vieux patriarche, n'entends-tu pas les craquements des croisées de l'est? Eh bien ! ceci doit te dire que le vent vient de changer, et qu'il refoulera l'ouragan vers l'Océan.

Judicaël écouta, et reconnut la justesse de l'observation du vieillard.

— Patriarche, lui dit-il, vos oreilles valent mieux encore que les nôtres.

— Et j'en rends grâce au bon Dieu, Judicaël ; elles m'ont déjà rendu plus d'un service, surtout à l'affaire de la fosse aux Anglais.

Judicaël se pencha à mon oreille, et me dit bien bas : Voulez-vous entendre une histoire? Je répondis par un signe affirmatif.

— Père, dit-il, racontez-nous l'histoire de la fosse aux Anglais ; notre hôte sera charmé de l'entendre.

— Mais ces petiots (il nommait ainsi la famille de Ju-

dicaël) l'ont déjà entendue plusieurs fois. Il faut les envoyer au lit.

— Non, non, cria toute la famille. Redites-nous l'histoire de la fosse aux Anglais.

— Je le veux bien, répondit-il d'un air tout satisfait ;
mais gare aux yeux qui se fermeront avant la fin.
Un bon coup de houssine sur les épaules les réveillera.

Il y a de cela soixante-un ans deux mois et six jours,
nos enfants ; les Anglais, que nous n'aimions pas mieux
que vous ne les aimez aujourd'hui ; les Anglais, les éter-
nels ennemis de la Bretagne, firent à l'improviste une
descente dans le golfe, dont Quiberon ferme l'entrée au
nord ; j'étais alors un jeune gars de quarante-deux ans,
et revenais d'une navigation de long cours sur un vaisseau marchand, où je servais en qualité de second. Le
lendemain de mon arrivée, je fus désireux de voir un
pays que je n'avais pas vu depuis trois ans : ce fut donc
de grand matin que je sortis de la maison de mon père.
Un marin aime la vue de la mer, c'est connu ; nous habi-
tions à une lieue de distance du rivage : je n'avais pas
fait une demi-lieue que je rencontrai des bandes de riverains, les uns chargés de leurs lignes et autres effets, et
les autres chassant leurs troupeaux devant eux. — Les
Anglais ont débarqué cette nuit, ils pillent et brûlent
tout le long de la côte, me dirent-ils.

— Halte-là, leur dis-je. Que les femmes et les enfants
aillent semer l'alarme. Qu'on sonne toutes les cloches, et
vous autres, venez avec moi.

— Nous ne sommes point armés, me répondirent-ils.

— Vous avez des fourches et des faux, des haches et
des masses. Prenez ces armes, et vous, petits, courez
chez le père Tanouarn (c'était mon père), dites-lui d'ar-
mer tout le pays, de venir à notre secours ; nous allons
observer la marche de l'ennemi. Notre troupe se recruta

en chemin, le tocsin retentit du haut de tous les clochers, et une troupe nombreuse, passablement armée, se réunit sur la hauteur où j'avais pris position. Des tourbillons de fumée s'élevaient sur le rivage. Les cabanes des pêcheurs étaient en feu.

Les éclaireurs vinrent nous rapporter que les Anglais avaient opéré leur descente sur deux points; qu'ils se trouvaient ainsi séparés par le marais tremblant. C'était alors une vallée où les eaux pluviales se déversaient et qui, ne trouvant pas d'issue vers la mer, y formaient un marais. Les plantes marécageuses, les arbres qui avaient couvert la vallée et que le ramollissement des terres avait laissé renverser par les vents, avaient formé une croûte épaisse, mais sur laquelle ni les hommes ni les animaux ne se risquaient jamais. Je me rappelai cette circonstance, et je résolus d'en profiter.

— Mes amis, dis-je aux habitants, que leur nombre commençait à rassurer, que tous ceux qui ont des fusils passent à ma droite; j'en comptai environ deux cents. Que ceux qui ont des fourches et des faux passent à ma gauche. Il s'en trouva à peu près le double. Il pouvait rester une centaine d'hommes mal armés.

— Que ceux d'entre vous qui ont de bonnes jambes se répandent en avant, en s'abritant derrière les arbres, les buissons, les rochers, et qu'ils forment un cordon qui, d'homme à homme, nous apporte des nouvelles de l'ennemi. Tâchez d'apprécier leur nombre, mais observez bien la direction qu'ils prendront.

J'allai me poster à l'extrémité du marais, chemin que les Anglais devaient suivre s'ils voulaient se réunir, après avoir reconnu l'impossibilité de traverser la vallée.

Mes hommes, couchés dans les hautes herbes, et distribués par pelotons, ne pouvaient être découverts; du lieu où je m'étais placé j'examinai le terrain. A la dis-

tance d'une demi-lieue, une troupe d'Anglais, que j'éva-
luai à deux cents hommes, chassaient des troupeaux vers
la mer; mais, comme ils étaient éloignés du point où ils
avaient débarqué, la grève ne permettait pas l'approche
des chaloupes à cause du peu de profondeur de l'eau.
Avec deux cents hommes, que je fis filer entre l'ennemi et
le point du débarquement, je résolus de leur couper la
retraite, de les refouler vers le marais ou dans la mer.
Le reste de mes gens suffisait pour les empêcher de tour-
ner la pointe du marais.

Pour les tromper sur le nombre de mes hommes, je les
fis attaquer sur trois points, attaque de fusillade qui ne
leur permettait pas de calculer le nombre des assaillants.

Ils se divisèrent en deux corps, car ils ne voulaient pas
lâcher leur butin, et supposaient à la mer plus de profondeur qu'elle n'avait : le marais était bordé par des éminences de rochers, et commençait presqu'au revers de ces
éminences. Un des corps ennemis alla prendre position
sur un de ces points élevés, le plus voisin de la vallée.

Ainsi que je vous l'ai dit, les eaux avaient élevé la
croute du limon presqu'à la hauteur de l'éminence qu'ils
occupaient.

Je compris sur-le-champ que, si mes gens se compor-
taient bravement, pas un seul des hommes de ce corps
n'en réchapperait. Nous avançâmes en rampant, tandis
qu'une trentaine d'hommes les occupaient pour faciliter
notre approche. Déjà plusieurs des nôtres se montraient
sur les rochers voisins et tiraient sur l'ennemi; se trouvant à découvert, il descendit un peu vers la vallée pour
se mettre à l'abri derrière les rochers.

Alors nous pûmes avancer rapidement, nous poster de
l'autre côté de l'éminence, puis atteindre son sommet,
d'où nous fîmes une décharge générale sur l'ennemi. Il re-
cula, nos hommes se rapprochèrent; les gens armés de

fourches et de faux accoururent, et les Anglais se trouvèrent enfermés dans un cercle de fer et de feu. Ils reculaient toujours, conservant leurs rangs, pas à pas, et répondant à notre fusillade par des feux de file bien soutenus. Déjà les premières lignes se trouvaient engagées sur la croute du marais, plus solide sur le bord que vers le milieu, lorsque nous roulâmes sur eux comme un ouragan. Ils reculent, un cri épouvantable traverse la vallée. La croute s'était entr'ouverte, les Anglais avaient disparu dans la boue, et l'abîme s'était refermé.

Vingt-trois hommes seuls échappèrent, en se jetant sur la terre ferme. Ils jetèrent leurs armes, cherchèrent à fuir. Mais notre cercle les fit tous prisonniers. Lorsque je m'approchai du marais, des bulles d'air s'en élevaient là où l'ennemi était englouti. Les vases frémissaient, ce fut le seul bruit que j'entendis. Quoiqu'animés par le combat, nous restâmes cependant muets et saisis d'épouvante, les yeux fixés sur le gouffre qui ne rendait que quelques bouillonnements. Ce spectacle est resté gravé dans ma mémoire, il me semble que c'est ce matin que je l'ai eu sous les yeux.

Le vieillard resta pensif, la tête penchée sur sa poitrine; pour le distraire, je lui demandai ce qu'étaient devenus les autres Anglais.

Il me répondit : Ceux qui se trouvaient de l'autre côté de la vallée avaient pu voir l'engloutissement de leurs camarades, ils n'osaient avancer et se retirèrent vers leurs barques : quant au corps qui emportait le butin, dès qu'il eut reconnu l'impossibilité de voir approcher les chaloupes, il longea le rivage, se trouva enveloppé par les habitants que le son d'alarme des cloches avait réunis. Ils tentèrent une défense désespérée et périrent ou furent faits prisonniers. Un brick nous envoya plusieurs bordées inoffensives, et le jour même toute la côte se trouva nettoyée d'ennemis, et les voiles anglaises hors de vue. Les riverains reprirent ce que les Anglais avaient pillé, et il n'y eut à déplorer que la ruine des habitations des pêcheurs, ainsi que toutes les barques trouvées sur la côte qui avaient été incendiées.

Depuis ce jour, la vallée marécageuse fut désignée par le nom de fosse aux Anglais, et devint un lieu tellement redouté que l'on évitait de mener paître les troupeaux, même sur les versants opposés au marécage, et que pas un habitant du pays n'eût osé s'en approcher le soir. C'est qu'on en racontait des choses si étranges, que toutes les imaginations en étaient effrayées. Mon père possédait une grande étendue de landes, où l'on avait essayé des cultures de sarazin, mais le résultat ne fut pas heureux : ces étendues de terrain faiblement accidenté, n'offraient aucun obstacle aux vents de l'Océan qui desséchaient ou enlevaient tout. Ils les laissa en pâturages communaux, et notre berger, jeune gars d'une vingtaine d'années, allait y conduire nos vaches et nos moutons, en compagnie avec d'autres bergers. C'était un gars entêté et plein d'orgueil.

Comme les bergers, tout en faisant leurs chapeaux de paille et d'autres menus ouvrages, se contaient des histoires, le drôle, nommé Yvan, paria qu'il irait le soir, après le soleil couché, voir si ce qu'on disait de la fosse aux Anglais était vrai.

Il tint parole : ses camarades se chargèrent de ramener son troupeau à la bergerie, et lui, armé de son bâton ferré, se rendit résolument sur les bords de la fosse aux Anglais.

Comme vous avez pu le remarquer, dit le patriarche en s'adressant à moi, nous avons, dans ces contrées, des journées et des nuits plus souvent sombres que claires. Par un hasard assez rare, la nuit était pure de nuages et les étoiles du firmament brillaient de tout leur éclat. Le vent était frais, sans être trop piquant. Mon gaillard d'Yvan commença à promener ses regards dans toute la longueur de la vallée. Un petit nuage bleuâtre s'en élevait lentement et montait vers le ciel. « Tout cela me paraît bien paisible, se dit-il ; je ne sais pas pourquoi on dit tant de mauvaises histoires sur cette vallée. Il y a eu des hommes engloutis dans l'abîme de ces bancs, n'y en a-t-il pas d'enterrés partout? J'ai entendu raconter au maître qu'il y eut un temps où deux grands seigneurs se disputèrent la possession de notre Bretagne, et que, durant plus de vingt-deux ans, les hommes se tuaient partout où ils se rencontraient, et qu'ainsi, disait le maître, il n'y a peut-être pas un pouce de notre terre qui n'ait été engraissé de sang et de chair humaine. Comme toujours, les chiens d'Anglais attisaient le feu et faisaient pis que pendre aux pauvres Bretons : il y a donc plus d'une carcasse anglaise çà et là dans notre contrée ; cependant, je n'ai jamais ouï dire qu'il leur ait été permis de venir encore nous tourmenter après leur mort. Pourquoi ceux que la fosse a engloutis reviendraient-il plus que les autres ? ils ne peuvent pas venir demander des prières à de bons chrétiens, eux qui étaient de damnés hérétiques. »

— Le drôle, en me racontant son aventure, dit le vieillard, me faisait ces réflexions. Tout-à-coup, il entendit comme un battement d'ailes au-dessus du milieu du marais, là où la croûte boueuse ne couvrait point l'eau. Il regarde de toute la force de ses yeux : c'était une bande de canards sauvages qui prenait ses ébats à travers les larges feuilles de nénuphars qui tapissaient la surface de l'eau.

— Est-ce que je deviens peureux, se dit-il ; une troupe de canards m'a fait battre plus vivement le cœur?...

A l'instant où il se faisait ce soliloque, du lieu même où les Anglais avaient disparu dans l'abîme de boue, il vit s'élever une longue flamme bleue. Elle courut comme un papillon, à droite, à gauche, en avant. Puis une autre remonta, puis encore d'autres ; elles commencèrent une course, s'enlaçant, se confondant, puis s'évanouissant soudain.

Maître Yvan se frotta les yeux.

— Ah ! mais, se dit-il, ce ne sont pas là des canards ! Il fit dévotement le signe de la croix ; mais les petites flammes semblaient n'en courir que de plus belle. Il crut sentir une odeur de soufre, cela lui donna une idée de l'enfer. Il se recommanda au grand saint Yves, son patron.

— Je ne sais pourquoi je restais là comme un benêt, me dit-il, ça me faisait frissonner et je regardais toujours. Mais attendez, ce n'était que le commencement du spectacle du diable. Plus loin, au-delà du marais, je vis briller d'abord une étincelle, puis la flamme s'éleva claire, et deux fantômes se penchèrent dessus comme pour se chauffer les mains. Alors, le tremblement me saisit, je pris ma course à travers les terres et je ne me suis cru en sûreté que lorsque j'ai atteint la barrière de la cour.

Tel fut le récit qu'Yvan fit à mon père : j'étais présent ; c'était deux mois juste après notre victoire sur les Anglais. Je m'expliquai facilement la cause des lueurs bleuâtres courant le long de la vallée marécageuse, et sortant de l'endroit qui avait englouti les Anglais. Des cadavres en décomposition, s'exhalent des gaz qui s'enflamment à l'air et qui, trouvant à la surface des marais d'autres gaz en suspension, s'en alimentent et courent çà et là ; ce sont ce que nous nommons encore les feux follets. Mais l'apparition des deux fantômes, je ne pouvais me l'expliquer ; j'avais la conviction intime que pas un habitant n'eût osé allumer, la nuit, des feux sur le bord d'une vallée que l'on ne voulait même pas approcher en plein jour. Je me fis répéter par Yvan cette partie de son aventure, et détailler quelle était la forme des fantômes, leur taille et leurs vêtements, ce qu'il avait pu distinguer à la lueur de la flamme.

Il résulta pour moi de ses réponses que, s'il n'avait point été abusé par la peur, s'il avait réellement vu ce qu'il affirmait avoir vu, ce ne pouvaient être des habitants de la contrée, qui ne portaient pas de pareils accoutrements.

Cette aventure me fit rêver toute la nuit : ce n'est pas que je crusse beaucoup aux revenants ; mais, dans mon enfance, j'avais été bercé aux récits de tant et tant de pareilles histoires, qu'il m'en était resté un petit levain qui fermenta tant et si bien que je résolus de voir par moi-même les apparitions de la fosse aux Anglais.

Je communiquai ce projet à mon père, Breton pur sang, imbu de tous les préjugés du temps. « Mon gars, me dit-il, laisse les morts faire ce qu'ils veulent, se chauffer s'ils ont froid, et ne va point les troubler quand ils ne viennent point te troubler ici. Sais-tu bien, ajouta-t-il d'un ton plus que sérieux, que, si ces apparitions sont les esprits des Anglais, qui par toi surtout furent jetés dans l'abîme de boue, sais-tu bien, mon gars, qu'ils pourraient te faire un mauvais parti ? Car pourquoi reviennent-ils de l'enfer où ils sont descendus, les hérétiques, si ce n'est pour tourmenter les hommes ? »

Ces raisonnements et bien d'autres encore, par lesquels mon père tenta de me détourner de mon projet, ne m'ébranlèrent point. Voyant que je persistais, mon père me dit : « Petiot, ce n'est pas que je te blâme de tenir au projet que tu as formé, non, je ne t'en blâme pas. Un Breton n'est pas une girouette qui tourne à tout vent ; quand il croit une chose bonne à faire, il doit la faire, tel je suis, tels furent mes pères. Va donc, puisque tu l'as mis dans ta tête : mais écoute-moi, il y a une démarche que tu dois faire auparavant : va consulter notre recteur, il en sait

plus long que moi, quoique j'aie la barbe plus grise que la
sienne. Raconte-lui tout de point en point, et, s'il approuve ta démarche, fais-la après t'être mis en état de
grâce. »

Ces conseils de mon père ne me firent point sourire, je
les suivis à la lettre ; mais pour donner plus de poids à ma
communication j'emmenai Yvan avec moi.

Le recteur était effectivement moins âgé que mon père :
c'était un homme de mon âge, à la figure grave et bienveillante, c'est lui qui fut le prédécesseur de monsieur
Belamy, qui a laissé un si saint souvenir dans cette contrée. Il écouta froidement le récit d'Yvan ; de temps en
temps son œil scrutateur se portait sur le narrateur et
semblait sonder sa pensée : je vis qu'il était convaincu de
la véracité du rapport : comme moi, mais beaucoup mieux
que moi, il expliqua l'apparition des flammes légères,
mais il ne sut quelle explication donner à l'apparition des
deux fantômes ; leur extérieur, tel que le peignait Yvan,
et leur accoutrement n'appartenaient point aux gens de la
contrée ; il resta quelque temps pensif ; lorsque je lui eus
fait part du projet que j'avais formé d'aller moi-même
vérifier les faits, il m'approuva et me dit :

— Vous rendrez un grand service aux gens de ce pays,
si vous trouvez une solution qui fasse comprendre que
les choses naturelles n'arrivent pas ainsi sans desseins
particuliers de Dieu et dans des circonstances importantes.

Je revins donc à la maison, plus disposé qu'auparavant
à mettre mon projet à exécution, mais auparavant je voulus revoir les lieux à la clarté du soleil. Yvan consentit
à m'accompagner.

Le ciel était brumeux, une forte brise de l'ouest arrivait
chargée des vapeurs de l'Océan, la vallée se trouvait pour
ainsi dire voilée par le brouillard. Au lieu de l'aborder
du côté où s'était placé Yvan, je me rendis dans la pente

sur laquelle nous avions refoulé les Anglais jusqu'au marécage. Avançan tavec précaution, nous allions atteindre le bord de la croûte qui couvrait l'abîme, lorsque, près d'un monticule élevé depuis peu, je découvris des charbons éteints et des restes de tisons à demi consumés. La présence d'objets matériels chasse de l'esprit l'idée du surnaturel : je m'approchai des restes de ce brasier et découvris, tout auprès, des os que je reconnus pour être ceux d'une bête à laine. Oh ! me dis-je, il n'y a que des estomacs appartenant à un corps de chair et d'os qui digèrent une pareille nourriture. Je suis fixé maintenant sur la nature des fantômes qui ont si fort effrayé notre berger !

Mon examen devint plus attentif; dans les cendres je découvris des traces de chaussures assez profondes. Bien ! que je me dis, ces fantômes doivent avoir plus de poids que des fantômes qui ont laissé leurs corps dans le marécage.

Il y a ici, non pas un mystère, mais une chose cachée que je dévoilerai. Yvan, qui cherchait de son côté, m'apporta un couteau de fabrique inconnue dans le pays : je reconnus aussitôt qu'il était de fabrique anglaise : je me perdais dans mes suppositions, et, ne découvrant plus rien, je sortis de la vallée, avec l'intention d'y revenir la nuit.

Yvan s'était rassuré; il se joignit à moi, avec deux autres cultivateurs du voisinage.

Il pouvait être neuf heures du soir quand nous arrivâmes sur la pente de la vallée où nous avions trouvé les débris du feu. Notre marche s'était faite en silence. Etendus sur la terre, ayant la vallée sous nos regards, nous attendîmes dans le plus profond silence. A peine une demi-heure s'était écoulée, quand nous entendîmes distinctement un bêlement plaintif, puis une espèce de râlement. Ce bruit partait du lieu où se trouvaient les restes du brasier. Nous ne bougeâmes pas. Un instant après la flamme pétilla, puis s'éleva claire, et nous pûmes distinguer deux personnes, dont l'une chargeait de bruyères et d'ajoncs secs la flamme, et l'autre s'occupait à dépouiller un agneau. Je me traînai quelques pas plus en avant et reconnus les vêtements des matelots anglais.

Tout me fut expliqué : ces matelots étaient parvenus à se soustraire à nos coups, soit en trouvant une cachette dans les rochers, soit en se couchant dans les hautes herbes des bords du marécage. Ils avaient vécu des rapines faites dans les environs, et des brebis égarées sur les landes, disparition que l'on mettait naturellement sur le compte des loups : c'est ce qui avait mis les recherches de côté.

Il fallait s'emparer de ces deux fantômes, mais éviter l'effusion du sang.

Nous leur laissâmes faire leur cuisine, riant en nous-mêmes des terreurs du pays : quand ils se furent assis à terre sur la peau de l'animal qu'ils s'apprêtaient à dévorer, nous nous élançâmes sur eux, le fusil en avant. Leur terreur fut telle qu'ils ne firent pas un seul mouvement pour se défendre : ils furent saisis, garrottés et amenés à la maison de mon père.

Ces pauvres gens me firent vraiment pitié : à la pâleur que la disette avait répandue sur leur visage, se joignait celle de la peur. Ils attendaient certainement une triste fin, quand je parvins à les rassurer ; je parle anglais.

Voici le récit que j'obtins d'eux : Ils se trouvaient occupés à sonder la profondeur de l'eau, lorsqu'ils virent leurs camarades enveloppés par la population du pays. Les chaloupes se trouvaient trop éloignées pour y aller à la nage, d'ailleurs ils avaient craint nos coups de fusil. Ils cherchèrent un abri dans les rochers, où ils se tinrent cachés jusqu'à ce que la faim les en eût fait sortir. Ils cher-

chèrent alors, durant la nuit, des aliments dans l'intérieur
des terres, et vinrent s'établir dans un trou sur le bord du
marécage, où ils ne voyaient personne approcher. De
temps en temps, dans leurs rondes nocturnes, ils trouvaient une brebis égarée : elle devenait leur proie et ils
venaient faire du feu pour la griller, dans la vallée solitaire
où la fumée, se confondant aux vapeurs qu'elle exhalait
le soir, ne pouvait pas les faire découvrir. Depuis deux
mois, ils menaient cette misérable existence, dormant le
jour dans les creux des rochers, interrogeant la surface
de l'Océan pour y découvrir une voile anglaise. La nuit, ils
revenaient à leur retraite souterraine, auprès de laquelle
ils grillaient leur butin quand ils avaient eu le bonheur de
s'en procurer.

Cette capture mit fin aux histoires effrayantes de la
fosse aux Anglais, et les deux captifs furent visités par
tous les habitants de la contrée, qui ne leur montrèrent
pas de dispositions trop bienveillantes.

Peu de jours après, je me rendis à Lorient, le bâtiment
sur lequel je servais en qualité de second reprenant la
mer pour un voyage aux Grandes Indes.

Ce récit fait par l'auteur, qui y avait principalement
figuré, eut pour moi un attrait singulier que j'attribue en
partie à l'aspect et à l'accent ferme du narrateur. C'était un
siècle passé qui, par sa bouche, me racontait une de ses
péripéties, avec une peinture simple et vraie des mœurs
du temps.

Lorsque je quittai cette demeure hospitalière et fis mes
adieux et mes remercîments au bon et loyal Judicaël, je
voulus reconnaître son hospitalité.

— Monsieur, me dit-il, quand un étranger entre sous
notre toit, nous nous rappelons que nos pères l'accueillaient
avec empressement, et nous faisons comme nos pères ;
lorsque nous sommes dans une modeste aisance qui nous

permet de le recevoir comme un frère, nous le recevons en frère; quand nous n'avons qu'un morceau de pain, nous le partageons de cœur avec lui, et nous ne croyons jamais qu'il nous doive quelque chose.

Je ne pus m'empêcher d'admirer cette bonté de cœur, si franche, si généreuse, je lui serrai la main et partis avec le patriarche, qui devait suivre la même route que moi.

Ce magnifique vieillard, chargé du poids de plus d'un siècle, conservant toutes ses facultés, marchait d'un pas ferme, la tête droite, appuyant à peine la main sur le bambou qui lui servait de canne.

— Ne vous gênez pas, me dit-il, j'ai encore le jarret ferme et la respiration longue.

Je lui témoignai mon admiration, il se tourna vers moi et me dit : — Il y n'a rien d'étonnant à voir un homme porter lestement cent cinq ans trois mois huit jours sur ses épaules; mais ce qu'il y a de surprenant, c'est de rencontrer un homme qui a été assez sensé pour en revenir à la simple nature et qui n'a pas fait un dieu de son estomac. La vie de l'homme doit avoir pour terme naturel plus d'un siècle; les anciens patriarches, au nombre desquels ces braves gens me mettent, dit-il en souriant, l'ont prouvé, et je le prouve à cette génération qui ferme les yeux et les oreilles pour ne pas voir et ne pas entendre. Je vais aussi vous prêcher, ce sera probablement dans le désert; mais je crois remplir une mission et je la remplis.

Vous êtes jeune, bien constitué; Dieu vous a doué d'intelligence, profitez de ses dons. Défiez-vous de votre estomac; ne lui donnez jamais en pâture ces mets de haut goût qui le surexcitent; n'attendez point qu'il vous dise « c'est assez; » le poids en plus le fatigue, l'énerve, et il ne peut plus fonctionner qu'à l'aide des stimulants, dont les plus actifs, les plus perfides, parce qu'ils trahissent en flattant, sont les liqueurs fermentées. Si vous pouvez vous en abstenir, ce jour-là vous renouvellerez votre bail avec la vie : vous vous préparerez une santé ferme et un esprit sain. Levez-vous aux premières lueurs du jour; couchez-vous quand Dieu retire son flambeau à la terre. Il a laissé la nuit aux oiseaux des ténèbres, aux animaux carnassiers et aux méchants. Ajoutez à ce régime un travail modéré en plein air, et vous direz avec moi un commandement de Dieu oublié par Moïse :

> « *Si tu veux vivre longuement,*
> » *Sois sage et mange sobrement.* »

Ici nous devons nous séparer, ajouta-t-il : voici le sentier qui vous conduira jusqu'au chemin de la messe, celui-ci aboutit à ma demeure, où mes petits-enfants n'ont pas été sans inquiétude cette nuit. Adieu, mon fils; je souhaite que Dieu vous conduise et vous inspire. Il me serra la main, me salua avec politesse, et s'éloigna.

Mes yeux le suivirent; il allait d'un pas ferme, le corps droit, avec autant d'aisance qu'en eût mis un homme de quarante ans. Le sentier qu'il suivait se trouvait tracé sur la pente d'une petite éminence, je le vis continuer sa marche allégrement : arrivé au sommet, il se détourna et m'aperçut. Il ôta son chapeau à larges bords, me fit une inclination et disparut dans la pente opposée.

Le souvenir de ce vénérable vieillard est resté gravé dans ma mémoire, et ses conseils, tombés d'abord sur le sable, ont fini par trouver un peu de bonne terre, et chaque matin je me répète le commandement du vieux patriarche.

UNE LÉGENDE ARMORICAINE.

—◦✗◦—

Je venais de parcourir la Bretagne, non en qualité d'archéologue, mais en celle de recruteur de légendes et d'études de mœurs.

Breton, je n'avais connu qu'une partie de l'Armorique, et c'était une passion nationale qui m'avait fait quitter la capitale d'Ille-et-Vilaine, pour aller chercher dans les landes du Morbihan et du Finistère les traditions qui avaient pour ainsi dire bercé mon enfance.

La Bretagne est divisée en deux parties bien tranchées : le département d'Ille-et-Vilaine, et celui de la Loire-Inférieure, et si dans les campagnes on ne parle pas un français pur, du moins on ne parle pas le bas-breton. Les trois autres départements le parlent, surtout dans les campagnes, et c'est ce qui distingue les hauts-Bretons des bas-Bretons. Quand j'ai dit que trois départements parlaient l'ancien celtique, j'aurais dû ajouter que dans les villes et même dans les gros bourgs, le français est généralement usité. Ainsi, quand bien même je n'aurais pas étudié le bas-breton, en vue de faciliter mes recherches, je pouvais trouver partout des gens qui me comprendraient. Je quittai la ville de Vannes le 25 juin, et j'allai demander l'hospitalité à un riche fermier nommé Lequinio. Comme sa ferme était à six lieues bretonnes de la ville de Vannes (on sait que les lieues bretonnes ont ordinairement six kilomètres), j'arrivai à cette ferme vers la tombée de la nuit : pour être plus libre durant mes excursions, je voyageais à pied, le havresac qui contenait mon bagage le plus nécessaire sur le dos, un bâton ferré à la main, un manteau de caoutchouc, si nécessaire dans ces contrées pluvieuses, et enfin deux pistolets anglais attachés à ma ceinture avec un assez long poignard.

Lorsque j'arrivai à la ferme, je n'y trouvai que deux servantes, et dans un coin de la vaste cheminée une femme fort âgée : c'était la grand'mère du propriétaire : sans me faire aucune question, elle commanda à une servante de me débarrasser de mon havresac, et l'autre servante, sans avoir reçu aucun ordre, mit sur la table ce qu'on nomme dans le pays la toile (nappe), du beurre et deux tranches de jambon fumé. Le pichet vint prendre sa place accoutumée, accompagné d'une tasse en terre couleur d'ardoise. La vieille dame se leva, me pria avec une politesse pleine de simplicité de me mettre à table et de me restaurer. Assise de l'autre côté en face de moi, elle m'excita à boire et à manger, puis avec bonhomie elle me demanda si je venais de la ville et quelle nouvelle j'en apportais. Après avoir satisfait à ses questions, je la considérai attentivement, et fus frappé de la placide bonté qu'exprimait son visage. Mon investigation ne lui échappa pas ; elle me dit en souriant :

— Vous me trouvez bien vieille, jeune homme, c'est qu'il y a déjà bien des années que j'ai dépassé votre âge, et que quand on compte cent cinq ans de vie, on peut bien avoir le front et les joues labourés de rides.

— Cent cinq ans ! dis-je avec stupéfaction ; mais vous devez avoir vu bien des choses, Madame, vous devez avoir bien des récits à faire, le soir, au foyer domestique?

— Ah ah! dit-elle en riant doucement, vous savez donc que Marine Lequinio réunit tous les soirs d'hiver les voisins les plus proches de la ferme, et qu'ils la prient toujours de leur raconter des histoires.

— Je ne le savais pas, lui répondis-je, mais je suis heureux de l'apprendre, car je m'en vais par le pays glanant des récits, comme les glaneuses dans les champs après l'enlèvement de la moisson. Cette réponse parut lui faire plaisir.

Tandis que je causais avec cette femme vénérable, on entendit dans la cour le bruit d'une voiture et le hennissement d'un cheval. La vieille dame se leva vivement pour son âge, et se rendit à la porte d'entrée. Un homme d'une taille ordinaire, vêtu comme un riche propriétaire de la campagne, embrassa sa vieille grand'mère sur les deux joues.

Je m'étais levé et j'allai saluer le propriétaire de la ferme; il me regarda d'un œil inquisiteur, et probablement mon visage lui plut, car il me tendit la main en me disant:

— Soyez le bienvenu.

Les servantes mirent sur la table un repas préparé pour le retour.

La brave aïeule s'était installée à table. Pendant ce temps-là, mon regard avait parcouru la vaste cuisine, qui se trouvait voûtée et dallée en larges pierres d'ardoises : le manteau de la cheminée avait surtout attiré mon attention. L'aïeule, qui ne m'avait pas perdu de vue, et qui avait remarqué mon examen, dit à Georges Lequinio, son petit-fils :

— Voilà ce qui me demande une histoire.

— Vous savez si bien les raconter, grand'mère, que ce sera pour nous tous un plaisir de l'entendre; que notre

hôte, qui partagera sans doute ce plaisir, ne se plaindra pas
de la longueur de votre récit.

Il fut donc convenu que, après le souper, nous nous
réunirions autour de l'aïeule, et qu'elle nous ferait un
récit que son petit-fils disait qu'elle racontait si bien.

———

I. — Quelques détails sur l'administration druidique. — Ressources tempo-
raires des riverains. — Comment tout le monde avait intérêt aux naufrages. — Évocation au dieu Tharanus lorsque des voiles étaient en vue
des côtes. — Une tempête. — Avidité des riverains. — Trois vaisseaux
brisés sur les récifs. — La nuit, la pluie, les tonnerres et les éclairs ne
chassent pas les Armoricains des rivages. — Intervention du chef des
druides. — Il sauve deux naufragés. — Quels sont-ils? — La famille
Macd'hun. — L'irritation de la population contre elle. — Refus de les
admettre au partage des épaves. — Sommation du druide pour qu'ils
ouvrent la porte de leur habitation.

D'abord il faut que je vous prévienne que dans ma
famille on vit longtemps, et que lorsque je vous parlerai
des récits de ma grand'mère, c'est comme si je vous ra-
contais les légendes qui se répétaient il y a trois ou
quatre cents ans : mais venons au fait. Mes ancêtres
appartenaient à la famille des druides, rois et législa-
teurs; les populations leur obéissaient aveuglément.
Karadeuc Legonidec gouvernait en prince toute la côte
qui entourait le grande baie de Quiberon et s'étendait
fort avant dans les terres. A cette époque, où l'agriculture
n'avait aucun développement, les côtiers, je veux dire
ceux qui habitaient les côtesde l'Océan, ne trouvaient de
moyens d'existence que dans les débris de naufrages. Le
commerce n'existait pas, car il ne faut pas appeler commerce le transport des produits de la pêche d'un lieu

7

un autre lieu voisin. Les druides n'avaient porté aucune loi pour défendre les produits des épaves de la mer : eux-mêmes en profitaient, mais quoiqu'ils se fissent la part du lion, le produit de ces débris n'eût pas été considérable s'il n'eût été que celui des navires caboteurs des côtes, car on respectait les débris appartenant à la population du district druidique et aux alliés de ce district.

A cette époque, des navires assez considérables sortaient des ports de la Phénicie et du littoral de la Méditerranée. Tous ces navires étaient richement chargés, et quand une de leurs voiles était découverte en haute mer, aux jours calmes les riverains couraient en foule au temple de Tharanus et priaient ce dieu terrible de déchaîner la tempête.

Un jour, la population en grand émoi poussait des cris terribles et demandait à leur dieu une tempête qui, en déchaînant les vents de l'ouest, pût jeter sur les brisants des côtes trois navires phéniciens que l'on avait en vue.

Si je ne savais pas aujourd'hui que les dieux des Bretons n'étaient que de vaines idoles de pierre et de bois, je croirais qu'ils entendirent les acclamations des côtiers, et qu'ils se montrèrent favorables à leurs vœux.

Tout-à-coup le vent, qui soufflait de terre, sauta si violemment à l'ouest, que les navires qui voguaient tranquillement en haute mer furent poussés rapidement vers la côte. Bientôt leur position devint si périlleuse qu'ils hissèrent des pavillons de détresse. Des cris d'une joie immense partirent du rivage : la proie s'approchait, malgré les efforts des nautoniers, et déjà des hommes, les vieillards, les femmes et les enfants même agitaient des instruments qui leur servaient à pêcher les épaves. C'était un spectacle horrible : les uns agitaient en l'air de grandes perches armées de crochets de fer, les autres

déroulaient de longues cordes dont l'un des bouts avait
aussi un crochet de fer : on faisait sortir les barques des
anses du rivage ; on les délestait de tout poids embarras-
sant, et on les essayait contre les lames qui arrivaient à
grand bruit sur les côtes. Cependant les trois navires
luttaient avec persévérance contre le vent, et cherchaient
à reprendre la haute mer. Ce fut à cet instant que le ciel,
déjà obscurci par les nuages, perdit peu à peu les dernières lueurs du jour : l'obscurité se fit. Les vents mu-
gissaient ; le bruit épouvantable des vagues contre les
rochers était tellement assourdissant, que l'on n'entendait que quelques rafales de clameurs. La grande voix
du tonnerre se fit entendre, et des éclairs longs, rapides,
jetèrent leurs lueurs fugitives sur les rives couvertes de
sauvages habitants, qui se montraient insensibles aux
torrents d'eau qui les inondaient. Ce fut à la lueur des
éclairs qu'ils découvrirent les navires sur le point de se
briser sur les récifs blanchis d'écume. Les torrents d'eau
continuèrent à tomber des nues, et des éclairs plus préci-
pités précédaient les roulements terrifiants du tonnerre.

Malgré tous ces bruits, une clameur épouvantable
partit de la mer ; c'étaient les navigateurs dont les vaisseaux venaient d'être entr'ouverts par les pointes des
écueils. A ce cri du désespoir répondit une explosion
immense de joie, mais le vent furieux de l'ouest l'em-
porta vers les terres. Alors on vit des mégères, car je ne
puis leur donner d'autre nom, courir sous la pluie bat-
tante, portant au bout d'un bâton des vessies qui servaient de lanternes et les agitant tantôt en haut, tantôt
en bas, imitant les mouvements des fanaux des navires
ballottés sur la mer.

Le druide d'où descend ma famille avait quitté la
sombre forêt, et couvert de la peau des bêtes fauves,
s'était rendu à l'entrée de l'anse, que l'on nomma plus

tard l'anse de la Miséricorde. Ce n'est pas qu'il eût l'intention de porter secours aux naufragés ; non, il était trop imbu des préjugés de son temps ; mais il voulait assister au recueil des épaves, et assurer à son collège la part qu'il se ferait dans le partage, et s'assurer qu'aucun habitant ne détournerait rien avant ce partage.

Il y avait non loin de l'anse et d'un des bouts de la forêt une large cabane adossée du côté du nord à des roches basaltiques. Cette cabane, d'une apparence ordinaire, avait au fond des excavations assez étendues pratiquées dans le rocher même. De larges tables d'ardoises composaient les murailles de cette cabane, artistement recouvertes de lames légères ; on eût dit que cette habitation devait avec peine contenir la nombreuse famille de Macd'hun ; cette famille était redoutée dans le pays : en effet, quatre garçons vigoureux et endurcis à toutes les fatigues de la mer, avaient pour sœurs trois filles presque aussi fortes qu'eux, quoique leur réputation de force fût grande, et aussi énergiques et aussi entreprenantes que leurs frères. Quant au père et à la mère, bien que déjà avancés en âge, ils n'avaient rien perdu de leur force et de leur énergie sauvage. Plusieurs fois ils avaient été accusés d'avoir détourné à leur profit, et avant le partage des épaves, des débris considérables et qui avaient disparu on ne savait où.

Le prêtre druide s'était proposé de les surveiller, et à l'aide de torches de résine, il avait placé le long de la côte des prêtres d'un ordre inférieur chargés de surveiller les amas des débris.

— Comme vous le voyez, mon cher hôte, me dit l'aïeule, aucun sentiment d'humanité ne les avait dirigés vers le rivage.

Le druide chef se plaça sur une éminence de rochers, et dirigea son attention vers les points où il entendait des vociférations ou des cris de douleur. Les torrents de pluie continuaient, les éclairs sillonnaient les nues, et de tous les points du ciel partaient des roulements de tonnerre : immobile à son poste, le chef druide fit rallumer plusieurs fois les torches, que la pluie éteignait; mais à la lueur des éclairs, il pouvait rapidement distinguer ce qui se passait des deux côtés de l'anse. Quelques têtes se levaient au-dessus des vagues écumantes, des débris de navires se choquaient à l'entrée de l'anse, et la famille de Macd'hun toute entière se tenait sur la partie la plus avancée, essayant inutilement de pousser leurs barques à la mer. La nuit était sombre et terrible comme doit être celle de l'empire des morts. Impassible, le chef druide écoutait les clameurs des grandes voix de l'Océan, et, plus formidables encore, les grondements du tonnerre dans les nuages. Le poste qu'il occupait sur le rocher avait sa base battue par des vagues furieuses. Tout-à-coup, à la lueur d'un éclair, il crut apercevoir une longue pièce de bois sur laquelle se trouvaient attachées des créatures humaines. La pièce de bois fut lancée sur la grève, que la mer en roulant laissait nue. Poussé par un sentiment intérieur qui ne pouvait être attribué à l'humanité, chez un homme imbu de ces préjugés, il se laissa glisser sur la grève, et arriva près de la pièce de bois, à laquelle se trouvaient cramponnées deux créatures encore vivantes ; tout autre habitant de la côte leur eût brisé la tête d'un coup de gaffe ; mais lui, druide, ne pouvait donner la mort qu'après une délibération de son collége (de druides). Une exclamation qui échappa à l'une des personnes cramponnées à la pièce de bois le fit tressaillir.

Cette exclamation avait été proférée en une langue étrangère, mais qui était connue des druides.

— Qui es-tu? demanda-t-il vivement se penchant sur le naufragé; tu as prononcé les mots de notre langue sacrée.

Le naufragé ne put lui répondre, il s'était évanoui. Le chef des druides saisit une corne de bœuf suspendue à son cou, et fit entendre deux ou trois sons rauques, qu'il accentua d'une manière particulière. Bientôt plusieurs eubages accoururent à son appel. — Portez ces deux créatures dans la forêt, leur recommanda-t-il, et remettez-les aux soins de ceux d'entre nous qui pratiquent l'art divin de la médecine. Il y a des pressentiments qui semblent être des avertissements du ciel : le chef druide quitta aussitôt son poste et suivit les eubages, qui transportaient les deux naufragés dans le temple de la forêt. Il veilla à ce que les soins et les secours les plus urgents leur fussent prodigués, et après avoir examiné leurs vêtements, il se dit à lui-même : Ces hommes appartiennent à la caste des druides, mais leurs vêtements ne sont pas les nôtres; ils me rappellent ceux que nous avons conservés dans nos temples, et que portaient les premiers fondateurs de notre ordre. Il revint armé d'un flambeau vers la couche de bruyère et de mousse sur laquelle les deux naufragés avaient été déposés. La couleur de leur peau, se dit-il, n'est pas celle des druides de l'Armorique, mais nos traditions, que nous avons apprises comme un dogme, nous rapportent que les ancêtres des druides de ces contrées venaient des pays lointains de l'Orient. Si leur teint est bronzé, ils ont bien le caractère de visage qui s'est conservé dans nos familles druidiques, parce que nous n'avons jamais mêlé notre sang à celui des sauvages habitants de ces contrées. Il contemplait avec attention les deux corps qui semblaient revenir à la vie; un eubage, qui avait appliqué des plantes salutaires sur leurs poitrines, poussa une exclamation : sous leurs vêtements il avait découvert un petit disque en or représentant le soleil.

— Ce sont les descendants de nos ancêtres, répéta le

chef druide; dépouillez-les de leurs vêtements mouillés, et prodiguez-leur tous les soins que votre science vous indiquera pour les rappeler complètement à la vie.

La tempête s'apaisait; quelques lueurs blanchâtres teignaient les nuages les plus élevés, et enfin une teinte d'un rose tendre perça l'épaisseur des murs, et permit de distinguer les objets à une courte distance.

— Veillez sur ces hommes, il est temps que je me rende sur la grève pour protéger d'autres frères, car ceux que vous voyez sous vos yeux ne peuvent pas être les seuls qui se trouvaient sur les trois navires naufragés. Il descendit aussitôt vers le rivage, accompagné de quelques eubages.

La plus grande confusion y régnait. Les Armoricains avaient entassé sur les rives tous les débris que les flots y avaient poussés, et leurs barques roulaient contre les flots encore courroucés, pour arriver sur les débris des navires que les vagues couvraient et découvraient encore.

Le chef des druides parcourut rapidement les côtes : il remarqua que les trois barques de la famille Macd'hun étaient vides, et qu'aucun monceau de débris ne se trouvait sur la grève en face de ces barques.

— Encore, se dit-il, la pillerie solitaire **au détriment** des habitants de la côte.

— Macd'hun, dit-il en s'adressant au **chef** de cette famille, où sont les débris que vous avez **rapportés** ?

Macd'hun releva la tête avec assurance.

— Au fur et à mesure que je les avais enlevés, je les ai déposés sur la rive.

— Où sont-ils ? demanda sévèrement le druide.

— Je ne sais, répondit Macd'hun sans se troubler : les voisins sans doute les auront ajoutés aux monceaux que voici. Il désignait ceux qui se trouvaient à droite et à gauche.

Sans lui répondre, le chef des druides fit entendre trois sons de corne, et aussitôt plusieurs eubages accoururent auprès de lui.

— Allez, leur dit le chef, et informez-vous pourquoi les voisins de droite et de gauche se sont emparés des débris apportés par la famille Macd'hun. Les voisins répondirent que d'aucun côté on n'avait enlevé les débris pour les joindre aux autres, mais que malgré la pluie et les ténèbres, ils avaient remarqué que les trois barques des Macd'hun étaient revenues au rivage fortement chargées, et cela à plusieurs reprises. Ils ajoutèrent qu'aux premières lueurs du jour, tous les membres de la famille Macd'hun n'avaient fait qu'aller et venir du rivage à leur habitation. Ces dépositions uniformes prouvaient non la violation des lois au sujet des débris, car il n'y avait pas de loi, mais la violation des coutumes qui en tenaient lieu. Des hommes sûrs furent chargés de surveiller l'habitation des Macd'hun, et, comme le temps s'était apaisé et permettait de procéder au partage du butin, le chef des druides fit assembler les chefs de famille et désigner les hommes, et indiqua la part qui revenait à chacun, selon le nombre d'individus employés à la récolte des épaves. La famille Macd'hun se présenta tout entière, au nombre de neuf personnes. Elle emportait une des plus fortes parts.

Alors le chef des druides élevant la voix, dit aux hommes assemblés autour de lui : Reconnaissez les épaves que vous avez apportées. Cela fait, il se tourna vers les Macd'hun, et leur demanda d'une voix sévère :

— Où sont les vôtres ? vous aviez trois grandes barques, et vous êtes allés plusieurs fois sur les navires naufragés ?

Le père Macd'hun qui, jusque-là, s'était tenu appuyé sur son énorme pen-bras, répondit avec audace :

— Demandez à ceux-ci (il indiquait ses voisins), ils vous diront ce qu'ils en ont fait.

Un cri de colère et d'indignation s'éleva de la foule.

— Vous les avez emportés, dirent-ils.

Le vieux Macd'hun se retourna vers sa famille, et dit

— Enfants, souffrirons-nous cet outrage?

— Non, non, s'écrièrent les Macd'hun en agitant leurs pen-bras, nous ne le souffrirons pas, et nous prendrons notre part des épaves.

Ces paroles insolentes excitèrent une clameur générale.

— A leur habitation, cria-t-on, et nous trouverons ce qu'ils y ont entassé.

Le vieux Macd'hun repoussa les cheveux qui lui couvraient le visage, et redressant la tête avec arrogance il répondit :

— Osez y venir!...

Aussitôt, sur un signe, la famille tout entière abandonna la grève, et marcha d'un air menaçant vers leur habitation, adossée aux rochers. Il est certain que la foule indignée les y aurait suivis; mais d'un geste impérieux le chef des druides recommanda le silence. — La carcasse des trois navires apparaît encore au-dessus des flots, il s'agit de ne pas abandonner à la mer les richesses qui peuvent y être contenues. En même temps, il descendit sur le bord de la mer, d'où partirent de nombreuses barques.

Pendant ce temps-là, le druide parcourait le rivage et examinait attentivement les cadavres que les flots y avaient apportés. La couleur de la peau, les vêtements, tout prouvait que les naufragés appartenaient à une nation orientale; mais aucun ne portait sur la poitrine le signe caractéristique de la famille des druides, un petit soleil en or.

Les barques revinrent chargées de débris, de coffres de cèdre, et d'une infinité d'objets inconnus sur les côtes de l'Armorique. Toutes ces épaves, entassées à côté des autres, furent de nouveau partagées proportionnellement ainsi que les premières, mais aucune part ne fut assignée à la famille Macd'hun.

Une partie de la journée avait été employée à emporter les épaves et à les partager, et lorsque la nuit s'approcha, on put voir de nombreuses files de riverains succombant sous le poids de leurs fardeaux regagner leurs demeures.

Le chef des druides retourna lui-même à son monastère, et si les circonstances l'eussent permis, on eût pu remarquer qu'il était agité d'étranges préoccupations. Sa première question en y arrivant fut de s'informer de l'état des deux naufragés. Il était assez satisfaisant : grâce aux soins intelligents des druides qui s'occupaient de médecine, les deux naufragés avaient pu prendre quelques réconfortants et prononcer quelques paroles ; mais elles étaient dans une langue que ne connaissaient pas les druides d'un ordre inférieur. Ils étaient tous les deux dans une salle d'une assez grande étendue et où se tenaient les assemblées des druides de la circonscription. Le chef des druides s'approcha d'eux, et usant d'un langage qu'il crut devoir être compris de ses deux auditeurs, il leur demanda qui ils étaient, où ils allaient, et d'où ils étaient partis. Il reconnut avec joie que ses paroles étaient comprises, et que les deux étrangers étaient Tyriens.

— Nous sommes partis de Tyr, répondit le plus âgé des deux, dans le but de nous rendre à l'île de Man, et de rétablir les relations depuis longtemps interrompues entre la mère-patrie et les colonies envoyées il y a plusieurs siècles sur les côtes de l'Armorique et de la grande île d'Albion. Le navire sur lequel nous nous trouvions ainsi que les deux autres qui marchaient de conserve avec nous, appartiennent aux plus riches commerçants de Tyr, et outre le commerce, ils étaient chargés de relever les côtes et d'ouvrir de nouveaux débouchés à la navigation des Tyriens.

Sans les feux que nous avons aperçus sur le rivage, nous aurions peut-être pu nous éloigner des côtes ; mais croyant aborder dans un port, nous avons fait naufrage et tout perdu.

Alors le druide leur demanda quels étaient les effets qu'ils avaient laissés à bord, et autant qu'il était en eux de pouvoir le dire, la quantité de marchandises qui se trouvaient sur le navire qui les avait portés.

— Celui sur lequel nous étions, répondirent-ils, était chargé de pourpre de Tyr, de pierres précieuses et de cinabre : le tout était contenu dans des caisses de bois de cèdre. Nos équipages étaient assez considérables ; la plupart étaient composés de nègres de l'Abyssinie quant aux matelots, et de Tyriens quant aux passagers et aux marchands.

Après avoir recueilli ces renseignements, le chef des druides se fit accompagner d'une escorte nombreuse et bien armée à l'habitation des Macd'hun, suivi d'une immense population accourue sur leur passage.

Nous l'avons dit, cette habitation touchait aux derniers arbres de la forêt ; elle était adossée aux rochers, et s'ouvrait sur la plage.

A l'arrivée de cette troupe, les Macd'hun s'étaient fièrement campés devant leur habitation ; mais à la vue des druides qui marchaient en tête, ils entrèrent barricader leur porte.

— Qu'est cela ; dit le chef des druides ? notre autorité est méconnue, et dans le district où nous commandons, se trouve une famille qui refuse d'obéir à la loi !

Déjà un groupe nombreux d'habitants se préparait à forcer l'entrée de la maison, quand le chef des druides les arrêta d'un geste. Puis, s'adressant à ceux qui l'accompagnaient, il leur demanda s'ils connaissaient l'intérieur de l'habitation.

— Non, répondirent-ils; jamais les Macd'hun n'ont permis à aucun de nous de pénétrer chez eux; ils se sont rendus redoutables par leur nombre et par la vigueur physique des membres de leur famille.

Pendant ce temps-là, le chef des druides examinait l'extérieur de la maison : cet examen le conduisit à cette conclusion.

— Il n'est pas possible, se dit-il, qu'une famille aussi nombreuse puisse être abritée par un toit aussi peu étendu; la facilité avec laquelle on peut percer la montagne me porte à croire qu'ils ont des demeures souterraines, et que c'est dans ces abris que les Macd'hun cachent le produit de leurs déprédations.

Aussitôt il disposa des hommes aux alentours de la maison, sur la hauteur qui dominait l'habitation, et s'avança lui-même vers la porte, pour faire une sommation.

Cette porte était composée de planches épaisses de chêne et soutenue des deux côtés et en haut de larges pierres d'ardoises. Prenant son bâton augural, il en frappa solennellement la porte et commanda de l'ouvrir.

Le silence répondit à cette sommation, et les assistants, indignés de ce refus fait à l'autorité sacrée de la contrée, se préparaient à détruire l'habitation.

— Quant à nous, dit le chef des druides, veillons aux alentours, et réduisons-les par la famine. Il fallait que cet ordre partît d'une bouche aussi révérée pour qu'on pût lui obéir : un véritable réseau de gardes entoura l'habitation, et malgré l'effervescence, nul ne songea à transgresser les ordres du chef.

II. — Opinion de l'auteur. — Étonnement que lui cause la centenaire. — Réflexions de la nuit. — Description d'un déjeuner. — Courte excursion.
— Suite de la légende. — Les Macd'hun barricadés dans leur domicile.
— Refus d'obtempérer aux ordres du druide. — La famille est maudite.
— Domicile forcé. — Les Macd'hun ont trouvé le moyen de fuir. — Ils
se réfugient dans une île voisine. — Le signal du feu. — Barques de
la mer. — Projet désespéré des Macd'hun. — L'île incendiée. — Fuite.
— La famille maudite échappe en pointant en pleine mer. — Inutilité
de la poursuite. — Projet des Macd'hun. — Les riverains déroutés.

Ce récit, que l'aïeule avait fait avec autant de verve que
d'animation, s'était prolongé assez avant dans la soirée :
la continuation fut remise au lendemain, et je me retirai
dans mon appartement aussi émerveillé du récit que de
la vigueur d'imagination de la centenaire qui l'avait re-
produit. Ce n'était pas la première fois que j'avais pu
remarquer l'imagination de la Basse-Bretagne; mais je
l'avoue, je ne fus pas peu surpris de trouver, dans une
personne de cet âge, une pareille jeunesse d'imagination
dans les détails les plus minimes, et surtout cette manière dramatique de raconter. Je dis dramatique, car
l'accent et le geste convenaient parfaitement à chaque
point du récit. Quoique la nuit fût assez avancée, je ne
pouvais me livrer au sommeil; mes yeux, en parcourant
l'appartement à la lueur du flambeau laissé sur ma table
de nuit, ne rencontraient que des images du passé. Voyez
ce qu'est l'esprit de l'homme : le mien s'était tellement
identifié à des récits qui remontaient si avant dans le
passé, que j'avais oublié complètement le présent. Qu'est
donc l'humanité, me demandais-je? ses phases se succè-
dent sans se ressembler, et le passé n'a légué au présent
que des légendes qu'il a beau étudier, et dont il ne s'explique pas d'une manière satisfaisante ni comment et

pourquoi ils ont été élevés. Ce fut donc préoccupé de pareilles idées, que je cherchai vainement le sommeil : enfin le consolateur des fatigues de corps et d'esprit m'envahit, et ce ne fut qu'au bruit de la cloche qui appelait les habitants de la ferme au déjeuner que je m'éveillai.

Il faisait grand jour, les rayons d'un soleil pâle pénétraient dans mon appartement à travers des vitraux coloriés comme ceux des églises. Un de ces vitraux attira mon attention : il représentait un homme couvert de la mitre abbatiale, autour duquel se tenaient dans une posture respectueuse des moines tonsurés, ayant leurs capuchons rejetés sur le dos.

La forme de construction de la cuisine et de la chambre où je me trouvais me fut expliquée : la ferme occupait une ancienne abbaye ou monastère, et il y avait encore là le moyen d'obtenir une légende. Je descendis à la salle commune, où maîtres et valets se trouvaient réunis le long d'une grande table, dont la partie supérieure était élevée de quelques pouces. L'aïeule occupait le haut bout, son arrière petit-fils, alors chef de la ferme, se tenait à sa gauche, et ma place était réservée à sa droite. A côté de moi, se trouvait la femme du chef de famille, et les autres membres occupaient les places désignées à leur âge, car en Bretagne, plus qu'en toute autre partie de la France, la vieillesse et l'âge sont respectés.

Le bas bout de la table était occupé par les nombreux serviteurs de l'exploitation, et chacun se montrait réservé et respectueux, et mangeait sans bruit, sans bavardage ; ils satisfaisaient un besoin de la nature, et ne songeaient pas à autre chose qu'à le satisfaire.

La bonne centenaire se montra prévenante et gracieuse avec moi, et, je dois l'avouer, je me trouvais dans un monde décent, réglé, et qui était en contradiction avec

tout ce que j'avais vu jusqu'alors, surtout dans les hôtel-
leries où je me trouvais forcément obligé de m'arrêter.

Si je composais un roman, si comme la plupart des
écrivains de notre époque, je remplissais le vide des idées
par la description des localités, celle des personnes qui
m'environnaient, peut-être pourrais-je faire une ou deux
pages ; mais ces détails oiseux, qui en réalité ne disent
rien à l'esprit, me rebutent : je prends la nature sur le
fait, je la dépeins de mon mieux, et ne charge point les
couleurs dans le but de plaire aux esprits superficiels. La
table était servie abondamment de mets simples et sub-
stantiels, et je ne pus qu'observer la sobriété de la centenaire et des membres de la famille. La partie inférieure
de la table absorbait les aliments en quantité remarquable,
mais c'étaient tous des gens de peine et de labeurs, et
dont les forces avaient besoin d'être réparées. J'oubliais
de dire que le *Benedicite* avait été récité d'une voix encore
ferme par l'aïeule : tous les assistants étaient debout et
la tête découverte ; il en fut de même à la fin du repas
pour les *Grâces*, puis chacun se leva en silence, et alla
vaquer à ses occupations ordinaires.

— Nous sommes des gens de l'ancien temps, me dit la
centenaire en souriant ; nos mœurs et habitudes ne sont
pas comme nos vêtements, que nous usons et que nous
changeons ; elles subsistent toujours, et nous nous y
complaisons. J'espère bien que vous voudrez bien entendre la fin de ma légende, et que vous ferez une halte de
quelques jours sous notre toit. Que d'hôtes n'a-t-il pas
abrités jusqu'ici ! Ses plus grandes constructions furent
démolies du temps de notre terrible révolution : des
moines les avaient habitées, ils s'en allèrent **comme les
oiseaux du ciel** qui font leurs nids dans les bois, et qui
s'enfuient quand la hache du bûcheron vient abattre leurs
demeures. Mon petit-fils fit l'acquisition de ce qui restait

de l'abbaye, enleva les débris, et là où la destruction n'avait laissé que des ruines, il demanda à la nature des productions. Elle est bonne mère, la nature, dit-elle en posant sa main décharnée sur mon bras ; les générations passent, et elle, toujours jeune, renaît à chaque printemps. Si le temps pluvieux ne l'eût pas empêché, en attendant la soirée, vous auriez pu parcourir nos champs et voir ce que la main intelligente de l'homme peut produire : mais la pluie ne discontinue pas de tomber, les miens vont s'occuper de travaux intérieurs, et moi, si vous voulez bien me prêter l'appui de votre bras, je vous ferai visiter ce qui reste de l'abbaye.

Dire que j'acceptai la proposition avec empressement, c'est dire qu'elle répondait à ma curiosité : le rez-de-chaussée, qui avait servi de réfectoire aux moines, servait alors d'étable aux bestiaux ; tout y était voûté, et l'espace assez vaste. pour contenir une vingtaine de petites vaches bretonnes d'un côté, et de l'autre des bœufs et deux taureaux. Un espace assez considérable avait été réservé aux chevaux, et je fus étonné de la propreté qui régnait dans cette partie des bâtiments.

— Que vouliez-vous que nous fissions ? me demanda la centenaire ; ce local spacieux était trop grand pour l'employer autrement que nous ne l'avons fait. Au-dessus sont aujourd'hui des greniers où nous entassons nos récoltes de fourrages, auparavant c'étaient des cellules séparées par de minces cloisons, et aujourd'hui réunies en un immense grenier. Voilà pour la partie de la ferme la plus intéressante pour nous ; reste à visiter des appartements qui n'ont pas été détruits, et que mes enfants ont cherché à utiliser. Vous voyez au-delà de la cour, cette petite tour carrée, elle servait autrefois à un colombier. Mes petits-enfants en ont fait la demeure d'un jardinier, et nous en avons ainsi tiré parti. Voyez au-delà, ce

bâtiment presque sans ouverture ; il servait antrefois à
entasser les recettes de la dîme ; aujourd'hui, il nous sert
à recueillir nos fourrages pour l'hiver. Vous voyez à
gauche une assez grande quantité de décombres; là étaient
l'église et le presbytère : mes enfants n'ont pas osé
achever la destruction de la grande révolution. Ces murs
tombent et nous ne voulons pas toucher à leurs débris;
c'étaient ceux d'une église. Aidez-moi, me dit-elle, nous
allons descendre dans cette partie changée en jardin, et
nous ne marcherons plus que de décombres en décombres; j'ignore quelle fut primitivement sa destination ;
mais aujourd'hui elle ne peut nous servir à rien, car elle
tombe chaque jour. Cependant la tradition dit que là
étaient les cellules des moines. Laissons ces décombres,
me dit-elle, passons aux bâtiments qui ont échappé à la
tourmente révolutionnaire. Vous voyez là-bas, à l'extrémité de cette cour, une tour carrée où, dit-on, se réunissait le chapitre des moines. Elle a résisté au temps et à la
révolution : ces murs sont solides et épais, et ces bâtiments nous servent au logement des serviteurs de la
ferme. Ne parlons pas de ces monceaux de ruines que
vous voyez çà et là; mes enfants en enlèvent peu à peu
les pierres et font de ces terrains des jardins fruitiers
excessivement productifs. Je n'ai plus rien à vous faire
voir, me dit-elle ; trois petites chambres sont occupées par
ma famille, et celle dans laquelle vous avez couché est
réservée aux hôtes. Mais, me dit-elle en me serrant un
peu le bras, vous qui y avez déjà passé une nuit, n'y
avez-vous point été troublé dans votre sommeil? Je la
regardai avec étonnement, et lui répondis que si le sommeil n'était pas venu me visiter en me mettant au lit,
c'est que la légende dont elle avait commencé la narration
m'avait profondément impressionné.

Profitant du temps que j'avais libre, je me mis à

écrire ce qui m'avait été raconté la veille ; ce travail achevé, je sortis durant une éclaircie de temps, et me promenai aux alentours de la ferme. Tout me prouva la vérité de ce qui m'avait été dit relativement à sa destination avant la révolution ; en effet, des monceaux de ruines épars aux alentours prouvaient que là avait existé un vaste monastère. Les cultures avaient presque tout envahi, mais les ruines se montraient encore çà et là. La cloche du souper se fit entendre, et je me hâtai de me rendre à l'habitation. Déjà on me traitait en ami avec une touchante simplicité, et j'en fus d'autant plus flatté qu'il n'y avait rien de cette réserve cérémonieuse avec laquelle j'avais été reçu dans certain château en ma qualité de touriste voyageant pour recueillir les légendes de l'ancien temps...

La veillée est commencée, chacun occupe la place qu'il avait la veille, et la centenaire reprend la parole.

Les Macd'hun, comme je crois vous l'avoir dit, s'étaient retirés et barricadés dans leur demeure. Le chef des druides prit une autre marche : son autorité, qui n'avait jamais été méconnue, venait de l'être par une famille jouissant d'une assez mauvaise réputation dans le pays ; certes, il pouvait commander même la démolition du domicile des Macd'hun, et la foule lui eût obéi sur-le-champ : mais le sang pouvait couler, il connaissait le caractère farouche de cette famille ; d'ailleurs la loi lui offrait un moyen terrible de punir ceux qui l'avaient offensé. En quelques heures un tribunal fut installé dans une des clairières de la forêt voisine, et le collége des druides réuni autour de son chef. La foule respectueuse, n'osant pénétrer sous les grands ombrages des chênes où on savait les druides rassemblés, se tint en silence le long de la lisière de la forêt. Elle n'attendit pas longtemps ; un chant rauque parcourut les ombrages, et l'on vit défiler en ordre, et revêtus de leurs habits pontificaux, les druides en grand nombre. Ceux qui enseignaient la loi, qui décidaient de la paix et de la guerre, qui, en un mot, composaient la seule autorité reconnue à cette époque, marchaient en tête ; puis venaient les bardes et les eubages, et la procession s'arrêta à une certaine distance de l'habitation des Macd'hun. Deux serviteurs d'un ordre inférieur allèrent enfoncer un poteau devant la porte de l'habitation ; une branche de gui était attachée au bout ; puis ils tirèrent sept sons de longues cornes d'aurochs, et sommèrent à haute et intelligible voix les Macd'hun de se présenter devant le tribunal des druides. Il y eut un long silence. La porte resta close, et pas un bruit ne se fît entendre dans l'habitation. Les serviteurs enlevèrent la branche de gui du haut du poteau, et revinrent lentement vers les membres du tribunal, devant lesquels ils jetèrent cette branche.

La population toute entière entourait le tribunal dans un silence respectueux. Le chef des druides se leva et prononça d'une voix éclatante l'anathème suivant : « Que tous ceux qui sont ici écoutent mes paroles ; qu'ils les gravent dans leur mémoire, et qu'elles leur servent de lois. L'eau et le feu sont interdits à la famille maudite des Macd'hun ; que tout habitant fuie leur approche, qu'il ne leur porte aucun secours ni sur terre ni sur mer, ni quand le tonnerre gronde, ni quand des torrents de pluie tombent des nues ! Telle est la sentence portée contre eux par les prêtres des trois terribles divinités : Hésus, Tharanus, et le triple Teutatès. » Il s'arrêta quelques instants, puis reprit mais d'une voix plus lente : « Leurs barques, leurs champs et leurs arbres fruitiers seront rasés et détruits : qu'ils meurent de faim dans leur domicile, et à la nouvelle lune leurs cadavres seront recouverts des débris du toit. »

Sa main tendue se porta d'un bout du cercle à l'autre, puis le collége des prêtres retourna lentement et processionnellement dans la forêt ; la foule frémissante s'écoula sans bruit, et l'on put voir déjà les effets de la terrible malédiction lancée sur la famille Macd'hun, car ceux des assistants qui, pour retourner à leurs domiciles, devaient passer près de la maison maudite, en détournèrent les yeux et firent un grand détour pour ne pas s'en approcher.

Les gardes placés par le druide restèrent à leurs postes, mais ils ne remarquèrent aucun changement dans la maison des Macd'hun, aucun bruit ni aucune lumière n'y brilla durant la nuit.

C'était par ces jugements terribles que l'autorité des druides était respectée, et inspirait l'épouvante.

Cinq jours se sont écoulés, on eût dit que la maison des Macd'hun était convertie en tombeau. On n'avait entendu aux alentours que des coups de hache qui abattaient les arbres fruitiers, et le piétinement des troupeaux sur leurs champs de sarrasin : des idées superstitieuses circulèrent dans le voisinage, et rapportaient que les puissantes divinités de l'Armorique avaient frappé de mort la famille maudite par les druides. Le soir de la nouvelle lune, les druides, armés de flambeaux, sortirent des ténèbres de la forêt et vinrent se ranger devant l'habitation des Macd'hun. La foule qui les entourait était compacte, on s'attendait à une découverte effrayante, car la maison allait être démolie, et ses débris dispersés sur le sol environnant. Dès que le chef des druides eut donné le signal de la destruction, les assistants, armés de tous les instruments propres à détruire, se ruèrent sur la maison : une longue poutre soutenue par des cordes fut balancée par des bras vigoureux, et, lancée comme un bélier de siège contre la porte, l'enfonça dès les premiers

coups. Alors des hommes armés de torches se précipitèrent dans la maison, d'où sortit aussitôt une grande
clameur.

La maison était vide; pas un cadavre, pas un meuble,
tout avait disparu.

Il faut se transporter au temps où ces scènes se passaient, pour se faire une idée de l'émotion et des terreurs
qui se répandirent dans la multitude. Les druides, retirés
dans les sentiers de la forêt, n'étaient plus là pour
donner des ordres, et cette foule ignorante et superstitieuse se retira aussitôt, en proie à une véritable panique.
Comment neuf personnes que l'on avait vues se retirer
dans cette habitation, qui n'avaient pu s'en échapper
durant la nuit, les alentours étant scrupuleusement sur-
veillés; comment ces personnes avaient-elles complètement disparu avec leurs meubles et autres effets, sans
laisser aucun indice de la cause de cette disparition ?
Voilà ce que les riverains se disaient lorsqu'ils furent
rentrés dans leurs demeures, et ce que l'on ne pouvait
expliquer sans admettre que c'étaient les terribles divinités du pays qui les avaient fait disparaître du nombre
des vivants.

Les druides, qui étaient informés par leurs associés de
tout ce qui se passait dans le pays, furent eux-mêmes
surpris de ce qui avait eu lieu ; mais supérieurs par les
lumières et l'intelligence à la foule ignorante qu'ils domi-
naient, ils rejetèrent l'idée de toute cause surnaturelle,
et résolurent d'approfondir eux-mêmes cette disparition
qui passait pour merveilleuse à l'esprit de la population.
Le chef du collège des druides, accompagné d'une force
armée bien supérieure en nombre aux membres de la famille des Macd'hun, se rendit au point du jour à leur
habitation. Inspection faite de son intérieur, il parut un
instant surpris, mais en recherchant avec soin dans l'en-

foncement de la montagne, il vit que de larges pierres d'ardoises avaient été superposées les unes aux autres et devaient fermer une ouverture souterraine. Sur son ordre, on la débarrassa de cet obstacle, et une large caverne apparut aussitôt devant lui. Des flambeaux furent allumés, et à leur clarté on aperçut non-seulement les meubles de la famille Macd'hun, mais encore des débris considérables des épaves soustraits à la communauté ; mais on ne découvrit aucun être vivant ou mort. Les débris enlevés, on aperçut l'ouverture d'un couloir pratiqué dans la montagne, mais les druides jugèrent dangereux de s'y aventurer, car la famille Macd'hun réduite au désespoir ferait une longue résistance. Ils étaient rentrés dans l'habitation, et délibéraient sur le parti qu'ils avaient à prendre : tout-à-coup un riverain accourut tout effrayé, et dit que dans le versant de la vallée opposée à l'habitation, des hommes sortaient de terre ; et toujours dominés par leurs préjugés superstitieux, ils s'imaginaient que c'étaient les mauvais esprits de la montagne qui sortaient de leurs retraites souterraines pour répandre les calamités sur la contrée. Tous paraissaient disposés à s'enfuir, lorsque l'ordre toujours obéi du chef des druides les arrêta.

— Réunissez-vous en armes, leur dit-il, et suivez-nous.

Pour arriver dans le versant opposé de la montagne, il fallait entrer dans la forêt et faire par conséquent un long détour.

Il était environ la dixième heure de la journée, lorsque après avoir surmonté les obstacles des gros blocs de pierres dont la montagne était couverte, ils purent jeter les yeux sur la vallée. Elle était marécageuse, parce que les eaux de pluie avaient trouvé des obstacles vers la pente qui se dirigeait vers la mer. Ce fut donc en gravissant la partie moyenne de la montagne, qu'ils purent

arriver au lieu désigné par le pêcheur, et d'où il prétendait avoir vu sortir des hommes. Dans un massif de
broussailles qui avaient été froissées depuis peu, ils découvrirent une ouverture assez large pour que plusieurs
personnes pussent y passer de front. Il fut aussitôt dé-
montré que les Macd'hun avaient pu se sauver par cette
ouverture; mais où étaient-ils? Le doute ne fut pas long;
à l'endroit où la vallée aboutissait à la grève, ils virent et
purent compter les membres de la famille Macd'hun : ils
descendaient en amont vers une anse où plusieurs barques étaient amarrées, et peu d'instants après on les vit
s'éloigner du rivage sur la plus grande de ces barques.

Les côtes de l'Armorique sont parsemées de nombreuses petites îles ou de rochers sans végétation ap-
parente. Les Macd'hun allaient donc trouver un asile d'où
ils pourraient s'éloigner de la contrée avant qu'on eût pu
les atteindre. Cette découverte avait dissipé toutes les
idées superstitieuses, et ce fut presque avec rage que
les pêcheurs coururent à l'anse pour sauter dans leurs
barques et se mettre à la poursuite de la famille maudite.

Mais là une nouvelle déconvenue les attendait : les
barques défoncées avaient coulé, et il était impossible de
les mettre à flot.

La journée se passa en projets de vengeance, et à
chercher les moyens de se procurer assez de barques pour
poursuivre les fugitifs. Tandis que la grève retentissait
de clameurs et de menaces, le corps des druides se retira
silencieusement, bien disposé à se procurer les moyens
de s'emparer d'une famille qui était sous le poids d'une
malédiction.

Laissons les riverains sur la grève, et suivons la
famille Macd'hun. Leur grande connaissance des côtes
leur avait fait éviter les écueils et se diriger vers une île
assez étendue et couverte de bois. En jetant les yeux sur

la mer, ils virent qu'aucune barque n'était à leur poursuite, et vers leur gauche la quille de deux navires naufragés et engagés entre les écueils flottait au mouvement des eaux. Le chef Macd'hun indiqua ces débris à ses
enfants.

— Là, dit-il, nous trouverons de quoi réparer les
pertes qu'on nous fait subir.

Il porta en même temps ses regards vers le ciel et
l'horizon, et ne voyant aucune apparence de bourrasque
il dit :

— La lune n'éclairera pas la mer, mais cette clarté qui
s'élève toujours sur les eaux nous permettra de nous
rendre sur les débris du navire, de travailler en sûreté.

Leur rapacité leur devint funeste, ainsi que vous allez
le voir : au lieu de profiter du calme de la mer et de
l'ombre de la nuit, pour se rendre dans quelque anse
éloignée où on ne saurait les poursuivre, car la mer ne
garde pas de traces de passage, dès que les ombres de
la nuit furent assez épaisses, ils se rendirent sur les débris du navire naufragé le plus voisin ; et là, employant
leurs forces et leur ardeur surhumaines, ils défoncèrent
les flancs du navire, et par ces ouvertures s'élevèrent aussitôt sur l'eau des caisses, des barriques et des corps
légers de toute espèce, que la carcasse du navire avait
empêché de flotter. Ardents au pillage, ils les entraînèrent
vers l'île qui leur servait de refuge, et les amarrèrent so-
lidement pour que le reflux ne les remportât pas. Tandis
qu'ils faisaient leur traversée de l'île au navire, ils étaient
si préoccupés des épaves qu'ils emmenaient, qu'ils ne remarquèrent que trop tard les feux nombreux qui brillaient
le long de la côte : c'est que les druides n'avaient pas
perdu de temps pour faire briller les signaux du rappel,
et convoquer les populations sur le bord de la mer. D'un
autre côté, de nombreux émissaires avaient porté des

ordres dans tous les villages voisins, et lorsque les premières lueurs de l'aube éclairèrent un peu la surface de l'Océan, on put distinguer de nombreuses barques qui s'éloignaient de tous les points de la côte et se dirigeaient en croisant vers l'île où l'on savait que s'était réfugiée la famille maudite.

Macd'hun le père comprit le but de cet armement et sentant l'impossibilité d'échapper à ceux qui le poursuivaient, il dit à ses enfants d'une voix éclatante :

— Mieux vaut brûler ici que sur les bûchers des druides ; mais il ne faut pas qu'ils profitent de nos fatigues de la nuit ; rassemblez tous les débris, faites-en un immense bûcher, et que les femmes aillent dans le bois chercher tout ce qu'elles y trouveront de sec !

— Macd'hun, dit sa femme, ton ordre est juste ; mais, dans l'intérêt de la conservation de ma famille, j'exige que tu le changes en un certain point : notre grande barque est dans l'anse opposée au côté de la terre, chargeons-la promptement de tout ce que nous pourrons emporter de précieux ; incendions le bois, et à la faveur de l'ombre que jettera la fumée, poussons la barque en haute mer ; nos bras sont forts, notre courage déterminé. C'est encore pour la vie que nous allons lutter.

— Soit, dit Macd'hun ; que les femmes répandent des tisons ardents à travers les fourrés, tandis que le garçon et moi chargerons la barque.

Il jeta en même temps les yeux vers la terre, et dit :

— Hâtons-nous, il nous reste encore quelques heures, et si nous ne sommes point découverts dans notre fuite, le temps qu'ils passent autour de l'île nous permettra de disparaître sur l'Océan.

Les barques parties du rivage s'avançaient en bon ordre, mais assez lentement, tant les riverains étaient sûrs que la famille maudite ne pourrait leur échapper. Tout-à-coup, ils virent des masses de fumée se lever, se mêler et s'étendre sur l'île ; des torrents de flammes traversèrent ces couches épaisses et ténébreuses, et projetèrent sur l'Océan une sinistre clarté. Comme à un signal donné, toutes les barques cessèrent de ramer, et les yeux fixés sur les points embrasés, les riverains se regardèrent avec étonnement.

Que se passait-il dans cette petite île, allaient-ils encore éprouver la même déconvenue qu'ils avaient essuyée à la porte des Macd'hun ?

Pendant ce temps-là, la barque de ces derniers s'éloignait à force de rames, en se mettant autant que possible à l'abri de la fumée. Cependant l'incendie prenait des proportions considérables, et des gerbes de flammes, des pluies d'étincelles s'élevaient en tourbillonnant, et poussées par un léger vent du nord, allaient tomber et s'éteindre dans les flots.

— Nous sommes découverts, s'écria la femme de Macd'hun, qui, postée à l'arrière de la barque, ne perdait pas de vue ce qui se passait autour de l'île. Macd'hun rejeta ses longs cheveux sur ses épaules, il porta aussi son regard en arrière.

— Découverts, je le crois ; j'aperçois des barques qui dépassent la hauteur de l'île ; mais, ajouta t-il en poussant un ricanement sauvage, nous ne sommes pas pris ; l'espace sans bornes est devant nous, et nous avons une avance énorme ; allons, garçons, appuyez sur les rames, que les femmes remplacent ceux qui seront fatigués, et avant qu'il soit la huitième heure du jour, notre barque ne sera plus en vue.

C'était vraiment un spectacle intéressant et terrible : l'île ne présentait plus qu'une immense fournaise. Les barques des riverains faisaient un grand détour pour l'éviter, tandis que la grande barque des Macd'hun rasait comme une mouette la surface presque plane des flots.

Plusieurs heures se passèrent, la barque de la famille maudite gagnait de l'avance, et la mer en se retirant secondait leurs efforts désespérés. Bientôt les riverains ne découvrirent plus qu'un point noir qui s'élevait tantôt sur le dos d'une lame et disparaissait aussitôt.

— Nous faisons des efforts inutiles, dit le vieux pêcheur Kérion, et si par leur puissance nos prêtres ne suscitent pas un vent violent de l'ouest qui repousse la barque maudite vers le rivage, nous l'aurons bientôt perdue de vue, ne sachant quelle direction elle aura prise.

Cette réflexion du vieux pêcheur était fondée, car dès que les Macd'hun se virent hors de la portée de la vue, au lieu de pointer en ligne droite vers l'ouest, ils changèrent la barre de leur gouvernail, et se dirigèrent vers le sud. Ce qui leur fit prendre cette détermination, c'est que la pointe la plus voisine de la large baie de Quiberon était échancrée de nombreuses anses, les rochers élevés çà et là couverts d'arbres et de broussailles.

Irait-on les chercher vers ces parages, ceux qui avaient été vus fuyant en ligne directe vers la pleine mer? Ne trouveraient-ils pas une anse retirée où cacher leur barque, des rochers, des broussailles, et peut-être des cavernes où mettre à l'abri ce qu'ils avaient emporté avec eux? Ils suivaient cette direction, tandis que les barques des riverains qui s'étaient avancés au-delà de l'île en feu, revenaient piteusement rejoindre le gros de la flottille des barques. Dire ce que ces hommes se communiquèrent, la colère, la rage qui les animait, serait rapporter ce que des oreilles délicates ne sauraient entendre.

II. — Continuation de la légende. — Les Macd'hun et leurs projets. — Ce qui se passe dans le sanctuaire des druides. — Projets des Phéniciens pour rétablir leurs relations de religion et de commerce avec l'île d'Albion et l'île d'Erin. — Courte notice sur le commerce phénicien à cette époque. — Le chef des druides commande une expédition pour transporter les druides phéniciens sur la côte d'Albion. — Les Macd'hun surpris et faits prisonniers par les pêcheurs. — Emigration de la grande île d'Albion sur la côte armoricaine. — Quelques détails sur le genre de vie de l'aïeule. — Récit de son petit-fils au sujet de la mort de son père lors du débarquement néfaste à Quiberon. — Accident : la centenaire estropiée. — Fin de la légende. — Mes adieux.

Je passai une partie de la journée du lendemain à consigner sur mon journal de voyage ce que j'avais vu, ce que j'avais entendu ; et le temps qui me restait avant de me rendre au souper, fut employé par moi à parcourir les alentours de la ferme. Il ne me restait aucun doute sur la destination antérieure de ces bâtiments, et je ne m'occupai pas de l'examen du site. Le sol de la Bretagne est tout-à-fait inégal, sauf les vastes plaines que l'on nomme des landes, mais il n'offre que rarement des élévations assez considérables pour porter le nom de montagnes, sauf les monts Darcz. Le mont au midi duquel était adossée la ferme, avait une assez grande élévation ; une espèce de plateau d'environ un kilomètre de long et un demi de large avait été choisie par les fondateurs du monastère, et ce choix était judicieux. Une petite vallée bien verdoyante s'étendait au bas du plateau, et allait se terminer dans des terres marécageuses où se réunissaient les eaux pluviales de la vallée. Une coupure profonde au bas de ces terres marécageuses, avait anciennement servi à l'écoulement des eaux, mais les temps troublés de la révolution n'avaient pas permis d'entretenir ce moyen d'écoulement, et l'ancien marécage avait reparu.

Mon hôte s'occupait depuis quelques années à déblayer

le passage des eaux, afin d'obtenir de belles prairies et d'assainir les lieux. En revenant à la ferme, je voulus me rendre compte de la situation de l'ancien monastère. Certes, tout avait été habilement et judicieusement dis-tribué ; la ferme alors existant encore avait servi de cui-sine et de communs. Un peu au-dessus, se voyaient les restes d'un ancien réfectoire, puis au bout, une longue suite de bâtiments qui avaient probablement été consa-crés aux cellules des moines. Derrière le tout, et sur une éminence qui s'élevait presque à la hauteur de la mon-tagne, on voyait les débris d'une église : ainsi la maison de Dieu avait dominé les habitations humaines. Il m'eût été difficile de faire ces remarques, quand la destruction et la main du temps avaient passé par là ; mais Yvon Lequinio, qui m'accompagnait, me donna tous ces détails et ces explications.

— Comment, lui demandai-je, cette propriété est-elle entrée dans votre famille?

— Avant de devenir mienne, me répondit-il, et depuis que la nation l'avait vendue plusieurs fois, comme il ne se présentait plus d'acquéreurs, parce que c'était un bien national, mon père se hasarda à en faire l'acquisition à cause de son bas prix. Personne ne voulait devenir ac-quéreur des propriétés nationales dans notre contrée.

— Et depuis? lui demandai-je.

— Depuis, me répondit-il, mon père, dont les opinions étaient bien connues, ne fut blâmé par personne ; loin de là, on approuva son acquisition, que l'on trouvait mieux entre ses mains qu'entre toutes autres.

Lorsque nous rentrâmes à la ferme, la journée était fort avancée, et les servantes, sous la direction de l'aïeule, préparaient le souper. La centenaire m'engagea avec une urbanité pleine de bonhomie à prendre à table ma place ordinaire.

Après le souper, l'aïeule reprit son récit en ces termes :

— Je vous ai dit hier que la famille maudite, par un calcul intelligent, avait déjoué les poursuites tentées contre elle, mais elle n'avait pas prévu que, malgré les ombres de la nuit qui déroberaient l'approche de la barque à la pointe de la baie de Quiberon, il serait impossible à une si nombreuse famille de pourvoir à sa nourriture autrement que par des brigandages nocturnes, qui les feraient bientôt découvrir, surtout quand les druides qui, tout en gouvernant le pays despotiquement, et peut-être à cause de cela, exerçaient une surveillance sur tous les points du territoire soumis à leur autorité. D'un autre côté, s'ils pouvaient trouver dans la pêche un moyen de subsistance, comme la pêche était aussi l'unique occupation des riverains, il leur serait impossible d'échapper aux regards des nombreux pêcheurs dont les barques prenaient la mer de tous les points du littoral.

Ce ne fut que le lendemain de leur arrivée à leur nouvelle retraite, et qu'ayant épuisé toutes leurs provisions de bouche, ils comprirent que leur situation était insoutenable. Il y eut donc conseil en famille, et le chef Macd'hun, qui ne brillait pas par l'intelligence, s'il avait un courage féroce et indomptable, proposa à ses enfants une incursion dans le premier village voisin, afin d'en rapporter des aliments. La femme, quoique aussi sauvage et aussi féroce que son mari, avait cependant l'esprit plus délié : elle exposa que, même en supposant que ce coup de pillage vînt à réussir, on ne pourrait le répéter, et que d'ailleurs les riverains effrayés se lèveraient en masse et battraient tout le pays : elle proposait donc de s'emparer nuitamment d'une barque pontée qui devait se trouver à la pointe de Quiberon, de charger les deux barques de toutes les épaves qu'ils avaient arrachées au

navire naufragé, puis d'opérer le pillage d'un village
ainsi que l'avait proposé son mari, et de partir le soir
même pour la grande île d'Albion. Ce projet fut débattu
et finalement approuvé ; mais le fils aîné en proposa un
autre :

— Mes frères et moi, dit-il, nous parcourrons nuitamment la côte, et armés de leviers, nous défoncerons
toutes les barques que nous y trouverons amarrées.

Tandis que cette famille de brigands se repaissait
de l'espérance d'échapper à la punition, un danger qu'ils
n'avaient pas prévu se préparait.

Nous avons vu que lors du naufrage des trois navires
phéniciens, deux hommes avaient été sauvés par le chef
des druides et reconnus par lui comme appartenant à
haut titre à cette immense association druidique qui, sous
des noms différents, professait le même culte. Or, ces
deux druides phéniciens se rendaient dans la grande île
d'Albion pour rétablir les anciennes relations que les
Phéniciens avaient eues avec les habitants de l'île.

La même nuit où la famille maudite des Macd'hun
formait ses projets de brigandage et d'évasion, une réunion bien différente se tenait sous les ombrages de la
forêt. Tous les druides de la contrée s'y trouvaient réunis,
et après avoir écouté et compris ce que leur chef leur
rapporta touchant la mission des Phéniciens, il fut résolu qu'une flottille de grandes barques accompagnerait
les Phéniciens jusqu'à la grande île d'Albion.

Les druides étaient tout-puissants, et leurs ordres
furent obéis avec une promptitude étonnante. Quinze
grandes barques pontées furent chargées des productions
du pays qui pouvaient être échangées avec les insulaires
contre celles de leur île. C'était alors la manière la plus
générale de faire le commerce. Les Phéniciens, dans leurs
courses maritimes, avaient en vue de relier les peuples

par un même culte, mais surtout d'établir des relations commerciales. L'île d'Albion avait anciennement fourni aux Phéniciens du fer, de l'étain et du plomb : mais depuis qu'ils avaient étendu leur navigation sur les côtes de l'Ibérie, la richesse de ce pays leur avait fait négliger l'île d'Albion et celle d'Erin, qui n'en était éloignée que de quelques jours de navigation.

Comme ils avaient établi dans ces deux îles, ainsi que dans l'Armorique, des sanctuaires druidiques, les prêtres de Tyr avaient si fortement insisté auprès des navigateurs pour qu'ils se rendissent dans les contrées désignées ci-dessus, que trois navires avaient été chargés de marchandises de Tyr en destination des îles où une récente tradition rapportait que se trouvaient des sanctuaires druidiques. C'était sur un de ces navires qui firent naufrage sur la côte de l'Armorique, qu'avaient été embarqués un certain nombre de druides tyriens, et dont deux seuls avaient échappé au naufrage et à la férocité des Armoricains. Il fut donc résolu que ces deux mêmes druides tyriens prendraient la mer le surlendemain, et seraient transportés par la flottille dont j'ai parlé sur la côte de l'île d'Albion.

Revenons à la famille des Macd'hun : avant de s'embarquer et de défoncer les barques pour empêcher la poursuite, ils voulurent faire leurs provisions de bouche pour le passage projeté. Mais déjà les ordres des druides avaient été donnés, et toutes les barques pontées se trouvèrent réunies dans le petit port voisin de la forêt des druides. Il ne restait donc, amarrés au rivage, que les petits bateaux de pêche, incapables de soutenir la haute mer. Le malheur poursuivait les Macd'hun, car ils étaient maudits. Le village qu'ils avaient voulu dévaster était un de ceux où devaient se réunir les hommes destinés à monter la flottille des grandes barques. Ignorant

ces préparatifs, les quatre fils Macd'hun, et leur père en
tête, se dirigèrent au commencement de la nuit vers le
village en question. Par une autre circonstance qui leur
devint défavorable, plusieurs bergers retardés à la
recherche de leurs troupeaux égarés sur les landes, les
ramenaient au village, et rencontrèrent les cinq
Macd'hun : cette réunion de cinq hommes leur parut sus-
pecte, et ils donnèrent l'alarme aux habitants du village.

Un des bergers assura qu'il avait reconnu Macd'hun le
père, à son bonnet de peau de renard dont la queue retombait sur son dos. Cette déclaration se trouvait fort à
propos, car un des assistants prétendait qu'une barque
lui avait été enlevée la nuit précédente. Or, ce vol ne
pouvait être attribué qu'aux Macd'hun, puisqu'ils étaient
encore dans le pays.

Chez les Armoricains de cette époque, où la guerre et
le brigandage étaient en permanence, s'était développé
un sentiment, c'est-à-dire un instinct commun à toutes
les nations sauvages. Sans cesse sur le qui-vive, vivant
dans des alarmes continuelles, l'instinct de la ruse était
singulièrement développé chez eux : d'un autre côté, le
sentiment religieux les rendait ennemis irréconciliables
des Macd'hun, maudits par leurs prêtres. Il se trouvait
là, en prenant les gens du village, une centaine d'hommes
disposés à enlever d'un coup de main cette famille à laquelle l'air et le feu avaient été interdits. Se divisant en
deux troupes, et soupçonnant que les Macd'hun en voulaient au village, ils s'avancèrent de deux côtés différents
afin de surprendre les Macd'hun, et de leur couper toute
retraite.

Les Macd'hun étaient loin de s'attendre à cette surprise,
et ne croyant pas avoir été reconnus par les bergers, ils
s'avancèrent dans l'ombre de la nuit avec les mêmes précautions que prennent les loups quand ils veulent s'in-

troduire dans une bergerie. Tandis qu'ils s'éloignaient de leur retraite et s'approchaient du village, où régnait un silence complet, les pêcheurs les cernaient sans bruit afin de les mettre dans l'impossibilité de faire résistance. Uniquement attentifs à ce qui se passait devant eux, sans se préoccuper des deux côtés ou de l'arrière, les Macd'hun se trouvaient tellement rapprochés du village, que les chiens commencèrent à faire entendre leurs hurlements, et presque aussitôt ils se trouvèrent entourés, serrés, et garrottés par des ennemis inattendus.

Leur surprise fut si grande, qu'ils ne tentèrent aucun moyen de défense, et furent emportés sans cris, sans tumulte, sur la place principale du village. Là, tous les habitants étaient rassemblés, et la lueur des torches leur fit comprendre qu'aucun moyen de défense ou d'évasion n'était possible. Gardant un silence farouche, ils ne répondaient par aucun mouvement, par aucune parole aux injures et aux malédictions des assistants.

— Voi'à une partie de la famille maudite entre nos mains, dit le vieux pêcheur Goannec, mais où sont les femmes de ces voleurs? Puis, s'approchant du père Macd'hun étendu sur la place, et le touchant du bout de sa gafe, il lui dit :

— Brigand, où sont tes femelles? Le visage de Macd'hun ne changea pas, mais ses yeux lançaient des éclairs. Sa bouche ne s'ouvrit point.

— Ecoutez-moi, dit un des bergers qui les avait découverts, je vais vous conduire où nous les avons rencontrés, et cinq hommes ne traversent pas les bruyères sans y laisser des traces. On prit des torches, et on suivit le berger; les traces devinrent tellement visibles, qu'on put arriver jusqu'aux pierres qui couvraient le promontoire.

Mais là, les traces manquaient. Les pas des hommes n'en laissent pas sur les rochers dénudés.

Tandis que ces choses se passaient, le temps s'était écoulé, et le jour approchait.

La mère Macd'hun et ses filles, impatientes de ne pas voir revenir l'une son mari, et les autres leurs frères, s'étaient avancées à travers les rochers, pour gagner le point le plus élevé, d'où elles pourraient, à la surface des bruyères qui les séparaient du village, découvrir ceux qu'elles attendaient. L'ombre n'était pas entièrement dissipée, et apercevant un groupe d'hommes qui se dirigeaient vers les rochers, elles crurent que c'étaient les Macd'hun. Dans cette persuasion, elles se précipitèrent au-devant de ce groupe, et ce ne fut que lorsqu'elles ne pouvaient plus reculer, qu'elles reconnurent leur erreur. Quoique surprises, elles se défendirent avec une férocité sauvage, et n'ayant pour armes que leurs mains et leurs dents, elles se ruèrent sur les pêcheurs, et une lutte acharnée allait s'engager, si ces derniers, bien armés et munis de cordes, ne les eussent enlacées, renversées, et garrottées comme les autres membres de leur famille. Mais alors les imprécations les plus horribles sortirent de la bouche de ces femmes, qui tentaient de se débarrasser de leurs liens, afin de se jeter sur les pêcheurs.

— Ah ! s'écria un de ceux-ci, les loups, les louveteaux et leurs femelles sont tous pris jusqu'au dernier ; à la prochaine lune, nous verrons une belle flambée autour de la statue d'osier.

Le matin même, la famille maudite fut conduite à la forêt et renfermée dans les souterrains où les druides détenaient les prisonniers destinés aux sacrifices sanglants. Nous allons nous occuper de la flottille qui devait porter les druides phéniciens sur les côtes de l'île d'Albion. Elle accomplit en trois semaines sa traversée et son retour, et apporta des nouvelles étranges.

L'île d'Albion, désolée par la guerre que se faisaient deux partis, était dans un état de révolution inconcevable : le parti le plus faible, acculé à la mer, rassemblait des barques pour se réfugier dans l'Armorique : ainsi, le but de la flottille des druides ne put être atteint, et elle revint accompagnée d'un grand nombre de barques chargées d'insulaires fugitifs.

Déjà plusieurs fois les émigrations de l'Armorique dans l'île d'Albion et de celle-ci dans l'Armorique avaient eu lieu. Ces deux peuples, séparés par la mer, avaient la même origine, le même langage et la même religion. La usion entre les deux peuples était donc facile, et plus d'un émigrant de l'île d'Albion retrouva ses ancêtres et ses parents dans l'Armorique.

Les terres ne manquaient point à la population, et les druides, avec une intelligence supérieure, surent si bien les distribuer dans les bourgs et les villages, qu'on ne s'aperçut que d'une augmentation de population. Cette émigration fut cause que la fête des sacrifices sanglants fut remise à la nouvelle lune suivante, et qu'ainsi les Macd'hun et les prisonniers retenus dans les cachots eurent un répit et un prolongement de vie : mais l'existence qu'on leur imposait était telle, que plusieurs d'entre eux appelaient le jour du sacrifice à grands cris, afin de quitter une vie dont chaque instant était un supplice.

Le récit de l'aïeule était terminé pour cette soirée ; elle se leva et alla prendre son repos.

Je restai au coin du feu avec le petit-fils de la centenaire, et je lui exprimai mon étonnement d'avoir trouvé chez une femme de son âge tant de mémoire, tant de liaisons dans les idées, et enfin tant de fermeté dans la manière dont elle racontait.

— Votre étonnement eût été bien plus grand, me répondit-il, si avant la perte de mon père, enlevé par le tourbillon révolutionnaire, vous eussiez entendu ma grand'mère évoquer les jours passés, et en parler en termes tellement poétiques, qu'elle eût commandé votre attention, et que ses récits, quelque longs qu'ils fussent, ne vous eussent jamais ennuyé.

— Je le crois bien, lui répondis-je, puisque, quoique des années se soient accumulées sur sa tête, quoique un grand malheur ait flétri son cœur, elle a conservé une partie de la verdeur de la jeunesse et une inconcevable mémoire.

Il m'écoutait d'un air pensif, puis il me dit :

— Il est de tradition, dans la famille de ma grand'mère, que la vie peut se prolonger sans beaucoup d'altération en suivant le régime que la nature prescrit à tous les êtres, c'est-à-dire en ne prenant que le nécessaire à l'entretien de la vie, et en s'abstenant de tous les stimulants qui irritent l'estomac et épuisent ses forces. Vous avez dû le remarquer, ma grand'mère ne boit que de l'eau, ne mange que des viandes grillées ou rôties, et s'arrête à l'instant où l'estomac lui fait comprendre qu'il en a assez : elle dort profondément, se lève de très grand matin, et après une courte promenade dans le jardin, elle revient s'asseoir dans son fauteuil et s'occupe à des travaux d'aiguille, tout en surveillant l'intérieur de la maison. Souvent elle se retire dans sa chambre, et vous ne devineriez peut-être pas à quoi elle y passe son temps ?

— Non, lui répondis-je, curieux que j'étais de le savoir.

— Eh bien ! répondit-il, comme elle est persuadée que l'esprit a besoin aussi de nourriture, elle repasse les Mémoires qu'elle a écrits étant plus jeune, et fait la lecture des livres que lui procure notre excellent recteur.

— Mes Mémoires, nous dit-elle, me font revivre dans le passé et me rajeunissent, et mes lectures me fortifient l'âme, et augmentent ma foi par l'espérance d'une vie meilleure, et me portent à la mériter de la bonté de Dieu.

— Si ce n'était pas abuser de votre obligeance, lui dis-je, et si en même temps ce n'était pas r'ouvrir pour vous une plaie douloureuse, je vous demanderais de me renseigner sur la grande douleur qui a frappé votre grand'mère.

Il parut réfléchir et me répondit :

— Ces souvenirs me reviennent trop fréquemment, pour que je puisse être plus affecté, en vous les dépeignant, que je ne le suis en y pensant. C'était aux époques les plus tristes que la France ait encore traversées ; que notre Bretagne jusqu'alors si paisible, éprouva des tressaillements inconnus, et que les habitants de la campagne se levèrent en armes pour résister à un gouvernement envahisseur, et conserver les croyances et les habitudes du passé. Des bandes nombreuses se réunirent d'abord confusément, puis s'organisèrent sous des chefs intrépides entraînés par l'exemple. Nos voisins et les paroisses des alentours fournirent aussi leurs contingents au soulèvement. Un chef manquait, l'opinion publique désigna mon père, et il partit à la tête d'environ quinze cents hommes, mal armés d'abord, mais ayant reçu des armes de l'Angleterre. Ils formèrent bientôt un corps assez discipliné et assez redoutable pour préserver notre contrée de l'invasion des républicains.

Je n'ai point ici à vous faire l'historique de ce qu'il nommait ses campagnes : je me transporte à l'époque fatale où nous eûmes le malheur de le perdre. Tout-à-coup, le bruit se répandit, dans nos contrées, que les hommes chassés de France par la révolution allaient opérer un débarquement sur un point quelconque des côtes, mais on désignait généralement la baie de Quiberon.

Tous les chefs de l'insurrection réunirent leurs hommes, afin de seconder ce débarquement qui, outre des chefs expérimentés, devait nous apporter des armes, des munitions de guerre et de l'argent, dont les révoltés avaient si grand besoin. J'ai dit révoltés, parce que les hommes qui gouvernaient alors la France leur donnaient ce nom, tandis qu'ils n'avaient pris les armes que pour la défense de la religion et de la royauté. Mon père, à la tête de sa troupe, eut ordre de se porter sur le point où aurait lieu le débarquement. Ce fut la dernière fois que nous le vîmes et qu'il embrassa sa famille. Des troupes nombreuses de républicains avaient pris leurs postes dans tous les endroits favorables du pays, et le général Hoche s'avançait avec des troupes aguerries pour repousser le débarquement.

Ces événements ne sont pas trop éloignés de nous pour que vous n'ayez pas entendu parler de cet épouvantable désastre de Quiberon. La fleur de la noblesse française y périt. Les troupes royalistes qui s'étaient portées sur la côte furent surprises, décimées, et depuis ce jour fatal, nous n'avons plus entendu parler de mon père ni pu retrouver son corps, malgré nos recherches persévérantes. Voilà le grand deuil qui accabla l'âge énergique de ma grand'mère, et qui nous plongea tous dans une tristesse qu'un souvenir de cette époque éveille trop souvent.

———

La journée se passa de ma part à écrire mes impressions de voyage, et quoique je sentisse qu'un séjour prolongé à la ferme pourrait être contraire aux bienséances, je m'obstinai à rester; quand je dis je m'obstinai, j'ai tort : l'hospitalité que je trouvais était si bienveillante, que ma présence ne pouvait être nullement importune. Je voulais la fin de la légende, et je devais l'apprendre dans une dernière soirée.

Les détails de l'emploi du reste de la journée sont tout à-fait insignifiants, aussi n'en parlerai je pas. Un accident auquel personne ne s'attendait pouvait hâter mon départ : en descendant de son appartement, l'aïeule avait fait une chute qui lui avait fracturé l'avant-bras gauche. A son âge, la nature n'a plus les forces vivifiantes qui rétablissent les membres dans leur état normal : la pauvre centenaire se trouva consignée dans son lit, au grand désespoir de sa famille, habituée à la voir circuler dans l'intérieur de la ferme. J'avais quelques connaissances chirurgicales, je les mis à la disposition de la famille, et j'eus le bonheur de rétablir le membre brisé ; mais, je l'ai dit, la nature n'était plus là pour réparer d'une manière solide la fracture des os. Tout en me marquant sa reconnaissance, l'aïeule me dit :

— Je sens que je suis estropiée ; tout mon organisme, à la suite de cette chute, a été profondément atteint : j'attends ma fin sans crainte, et la vie dans laquelle je vais passer me permettra peut-être de veiller au bonheur de mes enfants.

Je me tenais la tête baissée et dans une véritable affliction.

—Ah! me dit-elle, vous attendiez la fin de ma légende, et il m'est impossible de vous la raconter. Mes idées sont ailleurs ; l'éternité s'ouvre devant moi, et depuis longtemps je l'attends sans effroi : ma vie s'est passée dans le calme, sauf un instant cruel qui l'a singulièrement troublée ; mais, depuis, mon âme a pris confiance en Dieu, et comme la mort est la fin fatale de tous les êtres, je l'ai envisagée froidement. J'ai passé dans la vie sans haine, sans nuire à mes frères, et je retourne au sein de celui qui m'a fait naître, avec une confiance que la religion fortifie et que mes propres réflexions corroborent.

Puis son visage calme et sérieux prit tout-à-coup une teinte plus douce et souriante.

— Vous cherchez des légendes, me dit-elle, et vous ne connaissez pas la fin de celle que je vous ai racontée. Il faut pourtant que vous la connaissiez. — Yvon, dit-elle à son petit-fils aîné, va chercher dans mon secrétaire le cahier qui porte le n° 11, et tu le liras ce soir à notre hôte, car là se termine la fin de la légende.

Yvon ne pouvait quitter sa grand'mère, mais il obéissait scrupuleusement à ses ordres. Il apporta le cahier n° 11.

— C'est cela, répondit l'aïeule; si notre hôte ne peut le lire, Yvon, tu lui en feras la lecture.

Je pris le manuscrit, l'écriture en était ferme et nette, et je déclarai que je pourrais le lire sans l'intervention d'Yvon.

— Oh! me dit l'aïeule, nous étions donc de mon temps assez savantes pour écrire des Mémoires que le temps pourrait consulter sans peine; allez, notre hôte, retirez-vous dans votre appartement, et voyez le parti que vous pourrez tirer de ce Mémoire.

L'écriture en était ferme et assez lisible, mais le Mémoire n'entrait dans aucun fait particulier, et relatait seulement les faits généraux; je le transcrivis en notant seulement les réflexions qu'il m'inspira.

Après les émigrations de l'île d'Albion sur la terre de l'Armorique, par les soins intelligents des druides, les populations émigrées avaient trouvé des toits, et des terres à cultiver. L'époque de la nouvelle lune arrivait; tout était préparé pour les sacrifices sanglants. Au milieu de la forêt, deux larges blocs de pierres soutenaient une grande table de granit : au centre de cette table

avait été creusé un espace rond et profond, communi-
quant par un conduit à une autre pierre creusée en
vaste bassin. Autour de cet autel, car c'était l'autel de la
mort, s'élevaient de grands chênes séculaires, dont les
rameaux feuillés jetaient leur ombre sur l'autel. Au fond,
et sous une ombre impénétrable aux rayons du soleil, se
levait un vaste échafaudage; au milieu, un siège plus
élevé. Autour de l'autel se tenait une foule de druides de
tout ordre; les uns vêtus de blanc, et les autres d'habits
de diverses couleurs. Tous portaient à la main une branche de gui.

Un son formidable sortit des profondeurs de la forêt,
et une procession de serviteurs des druides s'avança lentement, portant au milieu d'elle une grande figure en
osier, censée représenter celle d'une des divinités du
pays. Au milieu de ces gens armés, marchaient des hommes garrottés et bâillonnés; les uns étaient les esclaves
faits à la guerre et destinés à être brûlés, et les autres
des criminels qui devaient être sacrifiés sur l'autel, et
dont les corps seraient jetés en pâture aux loups.

Selon les croyances des druides, ceux qui étaient
brûlés verraient leurs âmes passer dans d'autres
corps humains; tandis que ceux qui périssaient sur
l'autel du sacrifice et dont les corps seraient jetés aux
bêtes fauves, passeraient dans le corps des animaux
carnassiers.

La grande statue d'osier est dressée sur un bûcher; les
prisonniers faits à la guerre sont entassés dans ses flancs :
les criminels, au nombre desquels se trouvaient les membres de la famille Macd'hun, sont réservés à périr sur
l'autel du sacrifice. Un silence terrible et religieux règne
dans l'assemblée : les torches sont allumées pour mettre
le feu au bûcher, et les sacrificateurs se tiennent, le couteau à la main, pour immoler les autres victimes. Comme

pour imprimer plus de terreur aux criminels, le feu fut mis au bûcher, et ils entendirent les cris atroces de ceux que la flamme dévorait. Les Macd'hun étaient frappés d'une telle épouvante, qu'il fallut porter leurs corps étendus à terre sur l'autel du sacrifice. Alors le chef des druides fit entendre ces paroles :

— Qu'ils périssent ainsi, tous ceux qui n'auront pas obtempéré à nos ordres !

Le couteau sacré coupa la gorge des condamnés, et bientôt le sang, reçu dans l'ouverture de la première pierre, coula abondamment dans la seconde, rendant une écume d'où s'exhalait une odeur presque enivrante. Le sacrifice était consommé, les corps jetés à la voirie dans la forêt, et les druides rentrèrent dans leur sanctuaire.

———

Il me tardait de reprendre le cours de ma pérégrination : bien que je pusse tirer quelques courtes légendes de la bonne centenaire, je compris que les convenances ne me permettaient pas d'insister, vu l'état où sa chute l'avait mise. Lorsque je pris congé de l'aïeule, elle me prit la main avec celle qu'elle avait libre, et me dit avec une véritable émotion :

— Partez, mon cher hôte, et que Dieu vous bénisse !

FIN.

TABLE.

—

UNE LÉGENDE ARMORICAINE.

FIN DE LA TABLE.

Limoges. Imp. E. Ardant et Cⁱᵉ.

www.ingramcontent.com/pod-product-compliance
Lightning Source LLC
Chambersburg PA
CBHW070412090426

42733CB00009B/1641